日常英会話
基本の『き』

デイビッド・セイン
David Thayne

南雲堂

Preface

はじめに

新聞や雑誌を読みたい、メールや手紙を書きたい、映画を字幕なしで聞き取れるようになりたい…英語学習の目的はさまざまですが、長い間日本で英語を教えている私が数多く耳にしたのは、「まずは日常会話ができるようになりたい」という声でした。

家族や友人とのちょっとした雑談や外出先でのやりとりなど、普段日本語で何気なく使っている言葉ほど、英語でどう表現すればいいかわからない。せっかく英単語やフレーズを覚えても、使う機会がないからすぐに忘れてしまう。このような経験がある方は多いのではないでしょうか？ そうならないためには、インプットした情報を実生活でアウトプットし、英語に触れ続けることが大切なんです。たとえ会話する相手がいなくても、心の中でつぶやいたり、ひとり言をぶつぶつ言う習慣をつける。そうすることで、いざ使いたいときに英語がパッと出てきて、自分のものになっていきます。

本書では、会社員、主婦、学生で構成された3人家族の1日を、朝から夜までのシチュエーション別に9つの章に分類。

さらに各章ごとに4つのテーマを設定し、そのシーンで使用頻度の高い単語&フレーズを6つずつピックアップしました。

では、テーマごとに次の3ステップで学習していきましょう。

STEP 1　6つの単語&フレーズの意味を確認
STEP 2　短い例文で基本の表現を確認
STEP 3　実際のコミュニケーションに役立つ会話表現を確認

この3つのステップが、デイビット・セインの「基本の『き』」シリーズの特徴です。1つの単語&フレーズに対して、「基本の表現」と「会話表現」の2パターンの文章を学習するため、単語やフレーズを単体で覚えるよりも忘れにくく、「使える英語」がしっかりと定着します。各章の内容は日常生活でよくある場面を想定していますが、もちろん他のシチュエーションでも使えます！　英語学習初心者の方や英語が苦手な方も、自分の日常生活に当てはめて、単語やフレーズを入れ替えながら楽しく学習しましょう。

デイビッド・セイン

目　次

- ■ はじめに 002
- ■ 目次 004
- ■ 本書の使い方 008

第1章　朝

1 起床する 012

2 身支度をする 016

3 朝食をとる 020

4 見送る・出かける 024

【コラム1】時間の聞き方・伝え方 028

第2章　会社・学校で

1 通勤・通学する 030

2 出社する 034

3 登校する 038

4 昼食をとる 042

【コラム2】会話のきっかけ① 天気の話題 046

第3章　家事

1 料理をする　048

2 洗濯をする　052

3 掃除をする　056

4 その他の家事をする　060

【コラム3】電話のかけ方・受け方　064

第4章　近所で

1 買い物に行く　066

2 病院に行く　070

3 銀行・郵便局に行く　074

4 美容院に行く　078

【コラム4】「落し物ですよ」・「お先にどうぞ」は何という？　082

第5章　アフター5・放課後

1 退社する・下校する　084

2 同僚と食事する　088

3 友人とインターネット・SNSをする　092

4 同僚・友人と別れる　096

【コラム5】「ちょっと失礼します」は何という？　100

第6章　夜

1 帰宅する・出迎える　102

2 お風呂に入る　106

3 夕食をとる　110

4 後片付けをする　114

【コラム6】「肩がこる」は何という？　118

第7章　家族団らん

1 子どもとの会話　120

2 夫婦の会話　124

3 明日の準備・予定の確認をする　128

4 就寝する　132

【コラム7】会話のきっかけ②　家族・ペットの話題　136

第8章　休日

1 ドライブする　138

2 友人の家に行く　142

3 デートする　146

4 イベントに参加する　150

【コラム8】招待状に使われる略語　154

第9章　趣味・習い事

1 スポーツ・アウトドア　156

2 音楽・映画・観劇　160

3 その他の趣味　164

4 習い事をする　168

【コラム9】動物の群れを表す表現　172

■ ひとことフレーズ集　173

本書の使い方

本書は全9章で、1章につき4つのテーマで構成されています。テーマごとに以下の3ステップで学習していきましょう。

STEP 1：(基)本の単語&フレーズ
⬇ 6つの単語&フレーズの意味を確認

STEP 2：(基)本の表現
⬇ 短い例文で基本の表現を確認

STEP 3：(基)本のコミュニケーション
実際のコミュニケーションに役立つ会話表現を確認

■ 登場キャラクター 【デイビス一家】

母：主婦のアン・デイビス
　　（Anne Davis）さん

父：会社員のトム・デイビス
　　（Tom Davis）さん

息子：学生のケン・デイビス
　　　（Ken Davis）さん

■ ページ構成

> テーマは1章につき4つあります。日常生活でよくあるシーンを想定しています。

STEP 2

> 左ページにある1～6の単語＆フレーズを使った例文を紹介しています。注釈がついている場合はあわせて確認しましょう。

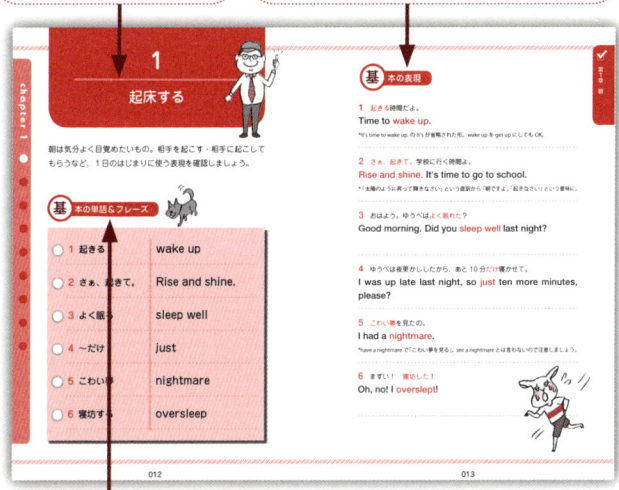

STEP 1

> それぞれのテーマでよく使われる6つの「基本の単語＆フレーズ」です。1～6までふってある番号は、あとに続く「基本の表現」と「基本のコミュニケーション」と連動しています。まずはここで単語＆フレーズの意味を確認しましょう。

【トムの同僚】

ハリー・ロペス
（Harry Lopez）さん

ジョージ・ヒル
（George Hill）さん

メリー・ホワイト
（Mary White）さん

009

STEP 3

1～6の単語＆フレーズを使った会話文を紹介しています。注釈がついている場合はあわせて確認しましょう。

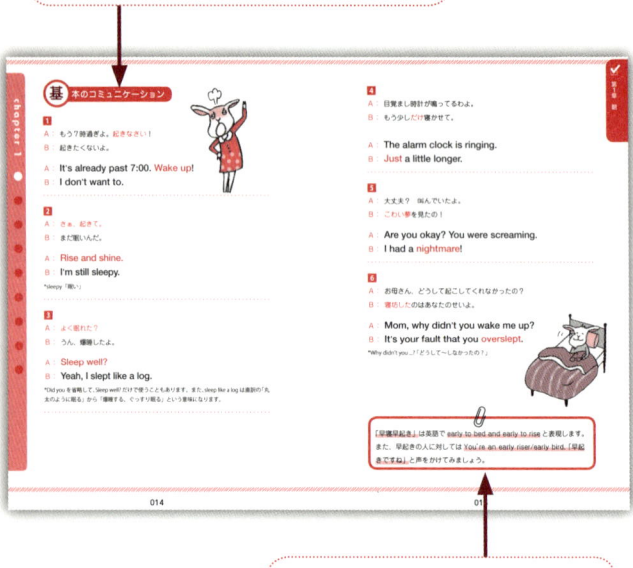

テーマに関連するまめ知識やあわせて覚えておきたい表現などを紹介しています。

第1章

朝

Morning

Time to wake up.

1
起床する

朝は気分よく目覚めたいもの。相手を起こす・相手に起こしてもらうなど、1日のはじまりに使う表現を確認しましょう。

基本の単語&フレーズ

○	1 起きる	wake up
○	2 さぁ、起きて。	Rise and shine.
○	3 よく眠る	sleep well
○	4 〜だけ	just
○	5 こわい夢	nightmare
○	6 寝坊する	oversleep

 基本の表現

1 起きる時間だよ。

Time to wake up.

*It's time to wake up. の It's が省略された形。wake up を get up にしても OK。

---

2 さぁ、起きて。学校に行く時間よ。

Rise and shine. It's time to go to school.

*「太陽のように昇って輝きなさい」という直訳から「朝ですよ」「起きなさい」という意味に。

---

3 おはよう。ゆうべはよく眠れた？

Good morning. Did you sleep well last night?

---

4 ゆうべは夜更かししたから、あと 10 分だけ寝かせて。

I was up late last night, so just ten more minutes, please?

---

5 こわい夢を見たの。

I had a nightmare.

*have a nightmare で「こわい夢を見る」。see a nightmare とは言わないので注意しましょう。

---

6 まずい！ 寝坊した！

Oh, no! I overslept!

本のコミュニケーション

1

A : もう7時過ぎよ。起きなさい！
B : 起きたくないよ。

A : **It's already past 7:00. Wake up!**
B : **I don't want to.**

2

A : さぁ、起きて。
B : まだ眠いんだ。

A : **Rise and shine.**
B : **I'm still sleepy.**

*sleepy「眠い」

3

A : よく眠れた？
B : うん、爆睡したよ。

A : **Sleep well?**
B : **Yeah, I slept like a log.**

*Did you を省略して、Sleep well? だけで使うこともあります。また、sleep like a log は直訳の「丸太のように眠る」から「爆睡する、ぐっすり眠る」という意味になります。

4

A： 目覚まし時計が鳴ってるわよ。
B： もう少しだけ寝かせて。

A： **The alarm clock is ringing.**
B： **Just a little longer.**

5

A： 大丈夫？ 叫んでいたよ。
B： こわい夢を見たの！

A： **Are you okay? You were screaming.**
B： **I had a nightmare!**

6

A： お母さん、どうして起こしてくれなかったの？
B： 寝坊したのはあなたのせいよ。

A： **Mom, why didn't you wake me up?**
B： **It's your fault that you overslept.**

*Why didn't you …?「どうして〜しなかったの？」

「早寝早起き」は英語で early to bed and early to rise と表現します。また、早起きの人に対しては You're an early riser/early bird.「早起きですね」と声をかけてみましょう。

chapter 1

2
身支度をする

あわただしい朝はやることが目白押し。洗顔、歯磨き、髪のセットやメイクなど、外出前の身支度に関する表現をチェックしましょう。

基 本の単語&フレーズ

○	1 顔を洗う	wash one's face
○	2 歯を磨く	brush one's teeth
○	3 (くしで)髪をとかす	comb
○	4 ひげをそる	shave
○	5 化粧	makeup
○	6 着替える	get dressed

 本の表現

1 顔を洗ってらっしゃい。
Go wash your face.

2 歯を磨いた？
Did you brush your teeth?

3 出かける前に髪をとかしなさい。
Comb your hair before you go out.

* ブラシで髪をとかす場合は brush を使います。

4 ひげをそらないと。
I have to shave.

5 化粧をしているの。あと10分ちょうだい。
I'm putting my makeup on. I need 10 more minutes.

*I'm doing my makeup. も同じ意味です。

6 早く着替えなさい！
Hurry and get dressed!

*get dressed up だと「おしゃれする、正装する」という意味になります。

本のコミュニケーション

1

A: 何で顔を洗うの?
B: 敏感肌だから、オーガニックせっけんを使っているの。

A: **What do you wash your face with?**
B: **My skin is sensitive, so I use organic soap.**

2

A: 歯を磨き終わったの?
B: いや、歯磨き粉が見当たらないんだ。

A: **Have you finished brushing your teeth?**
B: **No, I can't find the toothpaste.**

*toothpaste「歯磨き粉」

3

A: あなたの髪ボサボサよ。くしでとかしなさい。
B: これが僕のヘアスタイルなんだよ。

A: **Your hair is messy. You should comb it.**
B: **This is my hairstyle.**

*messy には「髪がボサボサの」という意味だけでなく、「散らかった、汚い」という意味もあります。

4

A: シャワーを浴びる時間はあるの？
B: いや、ひげをそって出かけないと。

A: **Do you have time to take a shower?**
B: **No, I have to shave and get going.**

*get going 「出かける、出発する」

5

A: 化粧をする時間がないわ。
B: もっと早く起きたら？

A: **I don't have time to put on makeup.**
B: **How about getting up earlier?**

6

A: 私の時計はどこ？ あちこち探したんだけど。
B: そんなことしてる時間はないよ。早く着替えて、もう会社に行きなさい。

A: **Where's my watch? I've been looking for it everywhere.**
B: **There isn't time for that. Just get dressed and go to work already.**

髪型を整える、髪を結うなど、スタイリングをするときに使うのが do one's hair です。I'm doing my hair.「今髪型を整えているよ」、I didn't have time to do my hair.「髪をセットする時間がなかったの」。

3

朝食をとる

食事の準備ができたことを知らせる、食卓にあるものを取ってもらう、相手に食べ物をすすめるなど、食事の場面で役立つ表現です。

基本の単語&フレーズ

1	朝食	breakfast
2	においがする	smell
3	回す、渡す	pass
4	〜でもどうぞ	Have some ...
5	コーヒーを入れる	make coffee
6	二日酔い	hangover

020

 本の表現

第1章 朝

1 朝食ができたわよ。食べましょう。
Breakfast is ready. Let's eat.

2 いいにおいがする。
It smells good.

3 バターを回してくれる？
Could you pass the butter?

4 パンでもどうぞ。
Have some bread.

＊相手に食べ物や飲み物をすすめるときに使う表現です。

5 コーヒーを入れてくれる？
Could you make coffee?

6 二日酔いだから、朝食抜きにするよ。
I have a hangover, so I'll skip breakfast.

＊この skip は「食事などを抜く」という意味で使われています。

本のコミュニケーション

1

A： 朝食の時間だよ。
B： お腹すいてないよ。

A： **It's time for breakfast.**
B： **I'm not hungry.**

*It's time for ... は「〜の時間です」という意味で、... の部分には名詞か動名詞が入ります。

2

A： 朝食はなに？ すごくいいにおいがする。
B： ベーコンエッグだよ。

A： **What's for breakfast? It smells great.**
B： **Bacon and eggs.**

3

A： ちょっと味が薄いな。塩を回してくれる？
B： どうぞ。

A： **It's a little bland. Could you pass the salt?**
B： **Here you are.**

*bland「味が薄い、風味がない」

4

A: 紅茶でもどうぞ。

B: 代わりにジュースをもらえる？

A: **Have some tea.**

B: **Can I have juice instead?**

*instead (of) は「（～の）代わりに」という意味です。本来 B の文章は instead のうしろに of tea と続き、「紅茶の代わりに」という意味になりますが、A の文章から tea を指していることが明確なため、of 以下を省略しています。

5

A: コーヒーを入れるね。あなたもいる？

B: うん、ありがとう。

A: **I'll make coffee. Do you want some?**

B: **Sure, thanks.**

6

A: 今日は食欲がないの？

B: ひどい二日酔いなんだ。何も食べる気がしないよ。

A: **No appetite today?**

B: **I have a bad hangover. I don't feel like eating anything.**

> appetite は「食欲」という意味。I have no appetite in the morning.「朝はまったく食欲がありません」、She doesn't have a big appetite.「彼女は少食です」、He has a big appetite.「彼は大食漢です」などのように使います。

4

見送る・出かける

相手を見送るときや自分が家を出るときの表現です。持ち物の確認、出かけるときのあいさつ、戸締りの依頼などを押さえておきましょう。

基本の単語＆フレーズ

1	忘れる	forget
2	はい、〜です	Here's ...
3	行ってきます。	I'm going now.
4	〜を車で送る	drop ... off
5	鍵をかける	lock
6	消す、切る	turn off

 基本の表現

1 忘れ物はない？
Have you forgotten anything?

*Do you have everything? もよく使われる言い回しです。

---

2 はい、お弁当。
Here's your lunch.

*Here's ... は、相手になにかを手渡すときに使う表現です。

---

3 じゃあ、行ってきます。
Well, I'm going now.

*I'm leaving now. や I'm off now. も同じ意味の表現です。

---

4 私を車で駅まで送ってくれない？
Could you drop me off at the station?

---

5 ドアの鍵がかかっているか確認してくれる？
Could you check if the door is locked?

---

6 出かけるときは電気を消すのを忘れないでね。
Don't forget to turn off the lights when you leave.

*shut off も同じ意味で使われます。また、逆の意味の「(電気を) つける」は turn on。

基本のコミュニケーション

1

A： 忘れ物はない？
B： うん、準備万端だよ。

A： **Did you forget anything?**
B： **No, I'm all set.**

*be all set「準備万端である」

2

A： 雨が降りそうだな。
B： そうね。はい、傘よ。

A： **It looks like rain.**
B： **You're right. Here's an umbrella.**

3

A： 行ってきます。じゃあね。
B： あまり遅くまで遊ばないでよ。

A： **I'm going now. See you later.**
B： **Don't stay out too late.**

*stay out late「遅くまで外出する、夜遊びする」

4

A: 今日、ケンを車で学校まで送ってくれない？

B: ああ、仕事に行く途中に送るよ。

A: **Could you drop Ken off at school today?**
B: **Sure, I'll do it on my way to work.**

*on one's way to ...「〜に行く途中で」

5

A: ちょっと待って。ドアの鍵をかけてきたっけ？

B: かけてたと思うよ。

A: **Wait a minute. Did I lock the door?**
B: **I think you did.**

6

A: リビングのエアコン切ってなかったよ。

B: ごめん、もっと気をつけるよ。

A: **You didn't turn off the air conditioner in the living room.**
B: **Sorry, I'll be more careful.**

> 相手を見送るときの表現をいくつか覚えておきましょう。Have a good day!「いい１日を！」、Take care.「気をつけてね」、Enjoy your day.「楽しんでね」、Good luck at school/work.「学校で／仕事でうまくいくといいね」などがあります。

第1章 朝

Column 1

時間の聞き方・伝え方

時間をたずねるときの定番表現に What time is it? や Do you have the time? があります。見ず知らずの相手には最初に Excuse me ... をつけると丁寧な聞き方に。「the」を抜かすと Do you have time?（時間はありますか？）と、暇かどうかをたずねる表現になってしまうので注意しましょう。

時間を伝える表現は、「9時15分です」であれば It's nine fifteen. / It's a quarter past nine.、「12時45分です」は It's twelve forty-five. / It's a quarter to one. など、決まった言い回しをいくつか覚えておくと便利です。a quarter は4分の1という意味で、時間の場合は「15分（=60分の4分の1）」を指します。これと同じ表現方法で「9時30分です」と言う場合は、half（2分の1）を使って It's half past nine. となります。

ほかに It's noon.（正午です）、It's midnight.（午前0時です）、It's almost six.（もうすぐ6時です）、It's a little past three.（3時ちょっと過ぎです）などの言い回しもあります。また、「この時計は進んで / 遅れています」と言うときは This clock is fast/slow. で OK です。

第2章

会社・学校で
At work or school

I forgot my homework!

1

通勤・通学する

電車やバスを利用するときに役立つ表現をチェックしましょう。通勤・通学時に限らず、遅延や乗り換えに関するフレーズは覚えておくと便利です。

基本の単語&フレーズ

○	1 乗り遅れる	miss
○	2 〜分ごとに	every ... minutes
○	3 遅れる	be delayed
○	4 乗り換える	change
○	5 駅	stop
○	6 席	seat

 基本の表現

1 ゆっくり歩いていたら、電車に乗り遅れるよ。

If you walk slowly, you'll miss the train.

2 バスは10分ごとにくるから、急ぐ必要はないよ。

The bus comes every 10 minutes, so there's no need to hurry.

3 事故で電車が遅れているみたい。すごい混雑だね。

It seems like the train is delayed because of an accident. It's really crowded.

4 あの電車に乗って、東京駅で山手線に乗り換えよう。

Let's take that train and change to the Yamanote Line at Tokyo Station.

5 目黒まではあと何駅ですか？

How many stops is it to Meguro?

6 どうぞこの席にお座りください。

Please have a seat.

*Please sit down. は命令・指示など、強い口調の言い回し。席をゆずるときには使いません。

本のコミュニケーション

1

A: 毎日このバスに乗ってるの？

B: ううん、寝坊していつものバスに乗り遅れちゃったんだ。

A: **Do you ride this bus every day?**

B: **No, I overslept and missed my usual bus.**

*miss ... by seconds だと「タッチの差で〜を逃す」というニュアンスになります。

2

A: 次の電車は何時ですか？

B: 5分ごとに出発するので、次の電車は9時半です。

A: **What time is the next train?**

B: **They leave every five minutes, so the next one is at 9:30.**

3

A: この電車は時間どおりに出発しますか？

B: いいえ、悪天候により遅れています。

A: **Will the train leave on time?**

B: **No, it has been delayed due to bad weather.**

*due to ...「〜が原因で、〜のせいで」

4

A: どの駅で乗り換えればいいですか？
B: 銀座駅で乗り換えるのが一番楽ですよ。

A: **What station should I change at?**
B: **It's easiest to change at Ginza Station.**

5

A: 新宿駅は次の次の駅です。
B: ありがとうございます。

A: **Shinjuku Station is the stop after next.**
B: **Thank you.**

*the stop after next 以外に、two stops away という表現もあります。

6

A: お年寄りが立っているのに、あのサラリーマン寝たふりしてる。
B: 席をゆずるべきだよね。

A: **Even though there's an elderly person standing, that businessman is pretending to sleep.**
B: **He should give up his seat.**

「乗り換える」は、change 以外に transfer という単語を使って I am going to transfer to the subway at Ikebukuro Station.「池袋駅で地下鉄に乗り換えます」、Please transfer at this station.「この駅で乗り換えてください」などと表現できます。

2

出社する

朝のあいさつや仕事に取りかかるまでのちょっとした雑談など、出勤したときに同僚や上司と交わす会話をいくつか見ていきましょう。

基本の単語&フレーズ

○ 1	調子はどう？	How's it going?
○ 2	朝型の人	morning person
○ 3	忙しい	busy
○ 4	不機嫌で	in a bad mood
○ 5	仕事を始める	get to work
○ 6	やる気が出る	get motivated

 **基本の表現**

1 やあ、ハリー。調子はどう？

Hi, Harry. How's it going?

*How're you doing? や How are things? も同じ意味の表現です。

---

2 どちらかというと、僕は朝型なんです。

I'd have to say, I'm a morning person.

*evening person「夜型の人」

---

3 今日も忙しくなりそうだ。

Looks like another busy day.

* 本来は It looks like ... で始まる文章ですが、口語的に It が省略されています。

---

4 君の上司は今日も不機嫌だね。

Your boss is in a bad mood again today.

---

5 仕事を始めましょう。

Let's get to work.

*back を追加して Let's get back to work. にすると「仕事に戻りましょう」という意味。

---

6 今日はやる気が出ないよ。

I can't get motivated today.

035

基本のコミュニケーション

1

A： トム、調子はどう？
B： まあまあかな。君は？

A： **How's it going**, Tom?
B： **Not too bad. You?**

* 日本人が使いがちな So-so.「まあまあだよ。」という表現ですが、ネイティブはあまり使わないので気をつけましょう。

2

A： ずいぶん早く出社してるんだね。
B： 朝型なんです。それに、定時で帰りたいので。

A： **You're at work quite early.**
B： **I'm a morning person. I also want to leave on time.**

3

A： 今日はやることがいっぱいなの。
B： すごい忙しそうだね。がんばって！

A： **I have a lot of things to do today.**
B： **You seem really busy. Good luck!**

*「がんばって！」は他に Do your best! や Hang in there! などがあります。

4

A: 不機嫌そうに見えるけど、どうかした？

B: クライアントがアポイントメントをすっぽかしたの。

A: **You look like you're in a bad mood, what's wrong?**

B: **A client blew off an appointment.**

*ここで使われている blow off は「中止する、取りやめる」という意味です。

5

A: いつになったら仕事を始めるの？

B: もう1本タバコを吸ったらやるよ。

A: **When are you going to get to work?**

B: **After one more cigarette.**

6

A: 契約を1件取るごとに臨時ボーナスがもらえるんだって。

B: 本当？ だったらやる気を出さないと。

A: **I hear you get an extra bonus for each contract you get.**

B: **Really? Guess I'd better get motivated.**

「仕事が早い」「仕事が遅い」は quick と slow を使って表現できます。
He's always quick and accurate.「彼はいつも仕事が早く、正確だ」
He's accurate, but he's really slow.「彼は正確だが、仕事が遅い」

第2章 会社・学校で

3 登校する

chapter 2

学校に向かっているときや教室にいるときなどに、クラスの友人と交わす雑談で使えるフレーズです。遅刻する、徹夜するなどの表現も確認しましょう。

基本の単語&フレーズ

◯	1 ～に遅れる	be late for ...
◯	2 渡る	cross
◯	3 寝ぐせ	bed head
◯	4 徹夜する	stay up all night
◯	5 ～が苦手である	be bad at ...
◯	6 宿題	homework

038

基本の表現

1 僕たち授業に遅れるよ。学校まで走ったほうがいい。
We'll be late for class. We'd better run to school.

2 横断歩道の信号が点滅してるよ。急いで渡ろう。
The crosswalk signal is blinking. Let's hurry up and cross.

3 今朝、鏡を見た？ ひどい寝ぐせがついてるよ。
Did you look in a mirror this morning? You've got terrible bed head.

4 今日のテストのために、徹夜で勉強したんだ。
I stayed up all night studying for today's test.

*pull an all-nighter も同じ「徹夜する」という意味でよく使われる表現です。

5 小学生の頃から数学は苦手なんだよね。
I've been bad at math since elementary school.

*bad を poor に置き換えて、be poor at ... と表現しても同じ意味です。

6 宿題忘れちゃった！ 答えを見せてくれない？
I forgot my homework! Could you show me the answers?

基本のコミュニケーション

1

A: 学校に遅れてはいけないのよ。
B: すみません。目覚ましが聞こえなかったんです。

A: **You can't be late for school.**
B: **Sorry. I didn't hear the alarm.**

*「目覚ましが鳴らなかった」と言いたい場合は The alarm didn't go off. となります。

2

A: あぶない！ 必ず横断歩道を渡りなさい。
B: わかったよ。

A: **Watch out! Always cross at the crossing.**
B: **Okay.**

3

A: 髪型変えた？
B: いや、ただの寝ぐせだよ。

A: **Have you changed your hair?**
B: **No, it's just bed head.**

4

A: 疲れてるみたいね。遅くまで勉強してたの？

B: ううん、徹夜で漫画を読んでいたんだ。

A: **You look tired. Were you up late studying?**

B: **No, I stayed up reading comics all night.**

5

A: もうすぐマラソン大会があるね。

B: 走るのは苦手だよ。

A: **There's a big marathon coming up.**

B: **I'm bad at running.**

6

A: 宿題やった？

B: もちろん。楽勝だったよ。

A: **Did you do your homework?**

B: **Of course. It was a piece of cake.**

*piece of cake「簡単なこと、楽勝、朝飯前」

学校や会社、待ち合わせなどに遅刻をしたときは Sorry I'm late. / Sorry for being late.「遅れてすみません」、It won't happen again.「もう二度と遅れません／以後気をつけます」などが謝罪の表現としてよく使われます。

4 昼食をとる

お弁当を持参する、お店を提案する、持ち帰り用にするなど、ランチタイムに使える表現をチェックしましょう。食事に関するフレーズは使用する機会が多く、覚えておくと便利です。

基本の単語&フレーズ

○	1 昼食を食べる	have lunch
○	2 弁当を持ってくる	pack one's lunch
○	3 〜はどう？	How about ...?
○	4 持ち帰り用の	to go
○	5 間に合う	make it
○	6 学食	school cafeteria

基本の表現

1 昼食は食べた？

Did you have lunch?

---

2 今日はお弁当を持ってきたの。

I packed my lunch today.

*I brought a packed lunch today. も同じ意味の表現。

---

3 あのイタリアンレストランはどう？

How about the Italian restaurant?

---

4 これを持ち帰り用にしていただけますか？

Could you make this to go?

---

5 昼休みが短すぎるよ。今戻らないと、会議に間に合わないな。

My lunch break is too short. If I don't go back now, I won't make it to the meeting.

---

6 A定食を食べに学食に行こうよ。

Let's go to the school cafeteria and have the A set.

* 会社やお店の食堂はただの cafeteria で OK。

第2章 会社・学校で

基本のコミュニケーション

1

A： おなかすいた。昼食を食べよう。
B： どこに行こうか？

A： I'm hungry. Let's have lunch.
B： Where should we go?

2

A： コンビニに行くけど、何かいる？
B： ありがとう。でも私はお弁当持ってきたからいらないよ。

A： I'm going to the convenience store. Do you need anything?
B： Thanks, but I packed my lunch.

*Thanks, but ... で「ありがとう、でも結構です」というニュアンスを表現できます。やんわり断る時や丁寧に断る時に使います。

3

A： この近くの公園でお昼を食べるのはどう？
B： いいね！ そうしよう。

A： How about eating lunch in the park near here?
B： Sounds good! Let's do that.

4

A: 店内でお召し上がりですか、お持ち帰りですか？
B: 持ち帰ります。

A: **For here or to go?**
B: **To go.**

*店内で食べる場合は For here. もしくは I'll eat here. と答えればOKです。

5

A: まだ料理が出てこないね。アポイントメントに間に合わないかも。
B: そうだね、注文をキャンセルしよう。

A: **The food still hasn't arrived. I might not make it to my appointment.**
B: **You're right. Let's cancel our order.**

6

A: 学食のメニューで何が好き？
B: 断トツでカレーだね。

A: **What's your favorite thing on the school cafeteria menu?**
B: **Definitely curry.**

Can I have/get two hot dogs?「ホットドッグを２つください」、I'll take/have/get this salad.「このサラダをください」、I'd like a medium coffee, please.「コーヒーのMサイズをください」などはレストランやファーストフードで注文するときによく使う表現です。

Column 2

会話のきっかけ① 天気の話題

　同僚や友人とのちょっとした雑談や初対面の人との会話にも役に立つ天気の話題。よく使う表現をご紹介します。

Nice weather, isn't it?（いい天気ですね）

It's really windy today.（今日は風が強いです）

It's getting cloudy.（曇ってきました）

It finally cleared up.（やっと晴れました）

I wish it would stop raining.（雨、やまないかなぁ）

It looks like it's going to snow.（雪になりそうです）

I hate this humidity.（むしむししして嫌ですね）

It's starting to cool down.（だいぶ涼しくなりました）

It's over 30 degrees today.

（今日は30度を越えています）

We've had a lot of typhoons this year.

（今年は台風が多いです）

It's a little cold at night and in the mornings.

（朝晩は冷え込みますね）

Yesterday was the coldest day of the season.

（きのうは今シーズン一番の寒さでした）

第3章

家事
Housework

Could you vacuum this room?

1
料理をする

食材の下ごしらえや調理方法など、料理に関する表現です。切り方ひとつとってもさまざまな言い回しがありますが、ここでは代表的なものをピックアップします。

基本の単語&フレーズ

○	1 解凍する	thaw
○	2 皮をむく	peel
○	3 みじん切りにする	chop
○	4 茹でる	boil
○	5 味見、味見する	taste
○	6 〜しないよう気をつける	be careful not to ...

基本の表現

1 今夜はハンバーグにしよう。お肉を解凍しないと。

Let's have hamburger steaks tonight. I need to thaw the meat.

2 にんじんの皮をむいてくれない？

Could you peel a carrot for me?

3 玉ねぎをみじん切りにするのは苦手なの。

I'm bad at chopping onions.

*dice「角切りにする」、slice「薄切りにする」もあわせて覚えておきましょう。

4 じゃがいもを茹でて、味付けしたらできあがり。

Boil and season the potatoes, and they're done.

5 味見してみよう。

I'll give it a taste.

*give it a ... は「〜を試してみる」という意味です。

6 オーブンに触らないよう気をつけて。

Be careful not to touch the oven.

基本のコミュニケーション

1

A： おとといを冷凍したパンが見当たらないの。
B： 今朝ケンが解凍して食べていたよ。

A： **I can't find the bread I froze the day before yesterday.**
B： **Ken thawed it and ate it this morning.**

*froze は freeze の過去形。また、「解凍する」は thaw のほかに defrost という単語もあります。

2

A： そのスムージー、どうやって作ったの？
B： バナナの皮をむいてひと口大に切ってから、牛乳とはちみつと一緒にミキサーにかけたの。

A： **How did you make that smoothie?**
B： **I peeled a banana, cut it into bite-sized pieces, and then mixed it with milk and honey in a blender.**

3

A： 野菜をみじん切りにしたよ。
B： じゃあ、フライパンを出して。弱火で炒めてくれる？

A： **I chopped the vegetables.**
B： **Okay, could you take out a frying pan and fry them on low heat?**

4

A： パスタを茹でて。
B： 了解。茹で上がったら、ソースとまぜるんだよね？

A： Boil the pasta.
B： Sure. Once it's done, I mix it with the sauce, right?

5

A： たくさん味見したらわからなくなっちゃった。
B： ほんと？ ひと口ちょうだい。

A： I've tasted so much I'm confused.
B： Really? Give me a bite.

＊食べ物の場合は Give me a bite.、飲み物の場合は Give me a sip. を使いましょう。

6

A： 包丁でけがをしないように気をつけてね。
B： 大丈夫、料理は得意だから。

A： Be careful not to cut yourself with the knife.
B： Don't worry. I'm good at cooking.

---

grate a radish「大根をおろす」、fillet a fish「魚をおろす」、cook rice「ご飯を炊く」なども覚えておくと便利なフレーズです。英語のレシピなどでさまざまな表現をチェックするのもおすすめです。

2
洗濯をする

続いては洗濯にまつわる表現です。洗濯物を干す、手洗いをする、しみが落ちるなど、覚えておくと便利な言い回しを確認しましょう。

基本の単語＆フレーズ

○	1 洗濯物	laundry
○	2 洗濯機	washing machine
○	3 柔軟剤	fabric softener
○	4 手洗いする	hand wash
○	5 ～日和です	It's a perfect day for ...
○	6 しみ、汚れ	stain

基本の表現

1 洗濯物を干してくるね。

I'm going to hang the laundry out.

*hang out「外に干す」

---

2 洗濯機に洗剤を入れるの忘れちゃったわ。

I forgot to put detergent in the washing machine.

*detergent「洗剤」

---

3 この柔軟剤すごくいいにおいがする。

This fabric softener smells great.

---

4 縮まないように、このセーターはいつも手洗いしているの。

I always hand wash this sweater so it doesn't shrink.

*shrink「縮む」

---

5 今日は洗濯日和だわ。あとでふとんも干そう。

It's a perfect day for doing laundry. I'll hang the futon out later too.

---

6 クリーニングに出さない限り、このしみは落ちないだろうね。

This stain won't come out unless I take it to the cleaners.

基本のコミュニケーション

1
A： 雨が降る前に洗濯物を取り込んで。
B： わかった。でも、たたむのは君がやってね。

A： **Get the laundry in before it rains.**
B： **Sure, but folding is your job.**

2
A： 洗濯物が臭うね。
B： 洗濯機の中も掃除してる？

A： **The laundry smells bad.**
B： **Have you cleaned the inside of the washing machine?**

3
A： 間違えて柔軟剤の代わりに漂白剤を入れちゃったの。
B： え！ 色あせちゃった？

A： **I mistakenly used bleach instead of fabric softener.**
B： **Uh-oh! Did the colors fade?**

*fade「色あせる」

4

A: 手洗いしたよ。あとはどうすればいい？
B: 日陰に干しておいて。

A: **I hand washed it. What do I do now?**
B: **Hang it out in the shade.**

*in the shade は「日陰に」、in the sun は「日なたに」という意味。

5

A: 今日は天気がいいね！
B: うん、絶好の洗濯日和だよね。

A: **The weather is great today!**
B: **Yeah, it's a perfect day for laundry, isn't it?**

6

A: このトマトソースのしみ、落ちるかな。
B: すぐに洗えば、大丈夫だよ。貸して。

A: **I wonder if this tomato sauce stain will come out.**
B: **It'll be fine if you wash it right away. Give it here.**

*この場合の come out は「(汚れが)落ちる」という意味。come off でも OK。

> 「洗濯する」は do (the) laundry です。I'll do the laundry.「洗濯するね」、I do my own laundry.「洗濯は自分でやります」のように使います。また洗濯物がたまったときには、pile up「積み重なる、たまる」というフレーズを使って The laundry has piled up.「洗濯物がたまっちゃった」と言えば OK。

第3章 家事

3

掃除をする

掃除機をかける、拭く、整頓するなど、掃除をするときの表現をチェックしましょう。

基本の単語&フレーズ

○	1 掃除する	clean
○	2 掃除機をかける	vacuum
○	3 拭く	wipe
○	4 ほこり	dust
○	5 排水溝	drain
○	6 整頓する	tidy up

基本の表現

1 あなたの部屋を掃除するわよ。おもちゃを片づけなさい。

I'm going to clean your room, so put your toys away.

---

2 この部屋に掃除機をかけてくれる？

Could you vacuum this room?

*vacuum は動詞の「掃除機をかける」以外に名詞の「掃除機」という意味もあります。

---

3 窓を拭くからぞうきんを持ってきて。

Bring me a cloth so I can wipe the windows.

*cloth には「布」以外に「ぞうきん」という意味もあります。

---

4 電気のかさがほこりをかぶってるわ。

The lampshade is covered in dust.

*be covered in ...「〜で覆われている、〜だらけである」

---

5 排水溝に髪の毛が詰まっているの。

The drain is clogged with hair.

*be clogged with ...「〜で詰まっている」

---

6 机は毎日整頓しないと。

You need to tidy up your desk everyday.

基本のコミュニケーション

1

A： 物が捨てられないから、掃除するのはきらいなの。
B： 物をため込まないで。思い切って捨てなくちゃ。

A： I don't like cleaning because I can't throw things away.
B： Don't hoard things. You've got to let them go.

*hoardは「ため込む」という意味。また、let goはここでは「捨てる」という意味で使われています。

2

A： そこに掃除機をかけるから、どいてもらえる？
B： ああ、ごめんね。

A： I'm going to vacuum there. Can you move?
B： Oh, sorry.

3

A： 見えないところもしっかり拭いてね。棚の上とか。
B： うん、任せて！

A： Make sure to wipe down the places you can't see, like the top of the shelves.
B： Sure, leave it to me!

*wipe down 「しっかり拭く」

4

A: 部屋がほこりまみれね。

B: 窓を開けて換気しよう。

A: **This room is full of dust.**
B: **Let's open a window and get some fresh air.**

*get some fresh air は「部屋などの空気を入れ換える」、「外の空気を吸う」という意味の表現です。

5

A: 排水溝のぬめりをとるいい方法はないかしら。

B: この新しい洗浄剤がすごくいいって聞いたよ。

A: **I wonder if there's a good way to remove slime from the drain.**
B: **I heard this new cleaner is great.**

6

A: 部屋を整頓するように言ったでしょ！

B: ちょうど今やるところだよ。

A: **I told you to tidy up your room!**
B: **I was just about to do it.**

*be just about to ... 「～するところだ」

掃除機などの家電製品が役に立ったり、便利だと感じたときには、work「役に立つ、効き目がある」、convenient「便利な、使いやすい」という単語を使って、It works!「これは使える！」、How convenient!「なんて便利なの！」などと表現できます。

4
その他の家事をする

料理・洗濯・掃除以外にも、家の中でやることはたくさんあります。設備の故障で修理を依頼する、ごみを出す、アイロンをかけるなど、使用頻度の高い表現を覚えておきましょう。

基本の単語&フレーズ

○	1 水を流す	flush
○	2 ごみ	garbage
○	3 磨く	polish
○	4 縫う	sew
○	5 アイロンをかける	iron
○	6 宅配便	delivery

基本の表現

1 トイレの水が流れません。修理できますか？

The toilet won't flush. Can you fix it?

2 ごみを出してきてくれない？

Could you take out the garbage?

*garbage のほかに trash を使ってもOK。

3 お父さんの靴を磨かなきゃ。

I have to polish my father's shoes.

4 靴下に穴が開いてるよ。縫うから脱いで。

There's a hole in your sock. Take it off so I can sew it up.

5 ワイシャツにアイロンかけておいたよ。

I ironed your dress shirt.

*dress shirt「ワイシャツ」

6 宅配便が9時〜12時の間に届くよう変更していただけませんか？

Could you change my delivery to arrive between 9:00 and 12:00?

基本のコミュニケーション

1

A： トイレの水を流すのを忘れないで！
B： ごめん、忘れちゃったよ。

A： **Don't forget to flush the toilet!**
B： **Sorry, I just forgot.**

2

A： ごみを出すの忘れちゃった！
B： 燃えるごみは明日じゃない？

A： **I forgot to take the garbage out!**
B： **Isn't tomorrow burnable garbage day?**

3

A： 何しているの？
B： 靴が汚れてるから磨いてるんだよ。

A： **What are you doing?**
B： **I'm polishing my shoes because they're dirty.**

4

A： ボタンが取れかかってるんだ。
B： ちがうシャツを着なよ。今日ボタンをつけ直しておくから。

A： **This button is coming off.**
B： **Wear a different shirt. I'll sew the button back on today.**

*sew the button back on「ボタンをつけ直す」

5

A： そんなにしわくちゃのハンカチを持ってるなんて恥ずかしいよ。
B： じゃあ、アイロンかけてくれる？

A： **It's embarrassing to carry such a wrinkled handkerchief.**
B： **Could you iron it for me then?**

6

A： 今どこ？　どうしてここにいないの？
B： 宅配便を待っているから出かけられないの。

A： **Where are you? Why aren't you here?**
B： **I can't go out because I'm waiting for a delivery.**

燃えるごみ以外のごみの種類も覚えておきましょう。non-burnable garbage「燃えないごみ」、recyclables / recyclable garbage「資源ごみ」、large garbage「粗大ごみ」。また、「ごみを分別する」は separate the garbage というフレーズを使えばOK。

Column 3

電話のかけ方・受け方

　相手の表情が見えない電話でのコミュニケーションは、慣れないうちはだれでも緊張します。使用頻度の高い表現をそのまま覚えることで、落ち着いて対応できるはず。ゆっくり、はっきり話すことを心がけましょう！

A: Hello.

　（もしもし）

B: Hello, this is Kohei Inoue. May I speak to Tom?

　（もしもし、井上航平と申しますがトムさんはいますか？）

A: He hasn't come back yet.

　（まだ帰っていないの）

B: When will he be back?

　（いつ戻りますか？）

A: I think he'll be back by 7:00.

　（7時までに戻ると思うわ）

B: Okay, I'll try calling back later.

　（では、あとでかけ直します）

＊自分宛の電話を受けたときは Speaking. もしくは This is he/she. と言えば、「はい、私です」という意味になります。

第4章

近所で
Around the neighborhood

Where's the dairy section?

chapter 4

1
買い物に行く

食料や日用品、洋服などを買いに行くときの表現を確認します。店員に売場をたずねる、探しているものを伝える、カードの使用可否をたずねるなど、使う機会が多いフレーズです。

基本の単語&フレーズ

1	売場	section
2	列	line
3	袋	bag
4	〜を探す	look for ...
5	支払う	pay
6	クレジットカードは使えますか？	Do you take credit cards?

066

基本の表現

1 乳製品売場はどこですか？

Where's the dairy section?

*meat section「肉売り場」、produce section「青果売り場」

2 列に並んでいますか？

Are you in line?

*「列に並ぶ」は stand in line という表現もあります。

3 ビニール袋はいりません。

I don't need a plastic bag.

*plastic bag「ビニール袋」

4 目薬を探しています。

I'm looking for eye drops.

*eye drops「目薬」

5 レジでお支払いください。

Please pay at the register.

6 すみません、クレジットカードは使えますか？

Excuse me, do you take credit cards?

*Do you accept credit cards? も同じ意味です。

第4章 近所で

基本のコミュニケーション

1

A： おかし売場はどこですか？
B： 2本先の通路にあります。

A： **Where's the snack section?**
B： **It's two aisles down.**

*aisle「通路」、(be) ... down は「ここから〜ほど先の場所」というニュアンスの表現。

2

A： この長蛇の列は何かな？
B： オープンしたばかりのハンバーガーショップの行列だよ。

A： **I wonder what the long line is for.**
B： **It's for a hamburger shop that just opened.**

3

A： 紙袋にしますか、ビニール袋にしますか？
B： 袋を持ってきたので結構です。

A： **Would you like a paper or plastic bag?**
B： **Neither, I brought my own bag.**

4

A: 結婚式に着ていくワンピースを探しています。
B: 特にご希望の色はありますか？

A: **I'm looking for a dress to wear to a wedding.**
B: **Do you have a particular color in mind?**

*have ... in mind「〜の考え・希望がある、〜を考えている」

5

A: 現金で払います。それと、領収書をいただけますか？
B: ええ、こちらが領収書です。

A: **I'll pay in cash. Can I get a receipt too?**
B: **No problem, here's your receipt.**

* クレジット(カード)で払う場合は、pay by credit (card) となります。

6

A: 全部で 50,000 円です。
B: クレジットカードは使えますか？

A: **It's 50,000 yen all together.**
B: **Do you take credit cards?**

Can I try it on?「試着していいですか？」、Do you have a larger/smaller size?「もっと大きい/小さいサイズはありますか？」、Do you have another color?「ほかの色はありますか？」などは洋服を買いに行ったときによく使うフレーズです。

2 病院に行く

病院に行ったときの病状の伝え方、医者から聞かれる質問などをチェックしましょう。いざというときに備え、持病や服用している薬については説明できるようにしておくと便利です。

基本の単語＆フレーズ

1	初診	first visit
2	熱がある	have a fever
3	〜が痛い	have a ...ache
4	健康診断	checkup
5	薬	medicine
6	けがをする	get hurt

基本の表現

1 初診の場合は、健康保険証を確認させてください。

If this is your first visit, please let us check your health insurance card.

---

2 少し熱があります。

I have a slight fever.

*slight fever「微熱」

---

3 歯医者に行かせてください。歯が痛いんです。

Please let me go to the dentist. I have a toothache.

*...ache がつく単語は、ほかに headache「頭痛」や backache「腰痛」などがあります。

---

4 定期的な健康診断を受けていますか？

Do you get regular checkups?

*「健康診断」は physical exam という言い方もあります。

---

5 何か薬を飲んでいますか？

Are you taking any medicine?

---

6 息子がけがをしました。

My son got hurt.

*get injured または be injured も「けがをする」という表現です。

基本のコミュニケーション

1

A： 初診なのですが。
B： では、こちらの用紙に記入していただけますか？

A： **It's my first visit.**
B： **Then could you please fill in this form?**

2

A： 高熱が出て、下がらないんです。
B： いつからですか？　他の症状はありますか？

A： **I have a high fever and it isn't going away.**
B： **When did it start? Do you have any other symptoms?**

*symptom「症状」

3

A： 胃が痛いです。吐き気もあります。
B： 下痢は出ますか？

A： **I have a stomachache and I feel nauseous.**
B： **Do you have diarrhea?**

*feel nauseous「吐き気がする」、diarrhea「下痢」

4

A: 健康診断の予約をしたいのですが。
B: おかけになって、お待ちください。

A: **I want to make an appointment for a checkup.**
B: **Please take a seat and wait here.**

5

A: 今日はどうしましたか？
B: この薬が合わないので、変えてもらえませんか？

A: **What can I do for you today?**
B: **This medicine doesn't agree with me. Could you change it?**

*agree with には「同意する」以外に「(体質や気候に)合う」という意味もあります。

6

A: 昨日、駅の階段から落ちてけがをしました。
B: どこが痛いですか？

A: **Yesterday I got hurt falling down the stairs at the station.**
B: **Where does it hurt?**

*fall down「落ちる、転ぶ」

> I have a cold.「風邪をひいています」、I have a runny nose.「鼻水が出ます」、I have a sore throat.「のどが痛いです」、I can't stop sneezing.「くしゃみが止まりません」、I have a bad cough.「せきがひどいです」などの表現も覚えておきましょう。

第4章 近所で

3

銀行・郵便局に行く

銀行での口座の開設、現金の引き出しや預金、郵便局での荷物の郵送に関する表現などを確認しましょう。

基本の単語&フレーズ

○	1 口座	account
○	2 引き出す	withdraw
○	3 預金する、入金する	deposit
○	4 切手	stamp
○	5 速達で	by express mail
○	6 水道料金	water bill

基本の表現

1 定期貯金の口座を開設したいのですが。

I'd like to open a savings account.

*open an account「口座を開設する」

---

2 すみません、お金を引き出したいのですが。

Excuse me. I'd like to withdraw some money.

*withdraw よりカジュアルな言い方として、口語では take out もよく使われます。

---

3 口座に預金したいのですが。

I'd like to deposit money into my account.

*put money in my account にすると、よりカジュアルな言い方になります。

---

4 82円切手を20枚ください。

Please give me twenty 82-yen stamps.

---

5 この小包を速達で送りたいのですが。

I'd like to send this parcel by express mail.

* 小包は package でも OK。

---

6 水道料金を支払いたいのですが。

I'd like to pay my water bill.

*water bill の直訳は「水道の請求書」ですが、「水道料金」という意味で使うことができます。

第4章 近所で

基本のコミュニケーション

1

A： この口座から海外送金はできますか？
B： もちろん可能ですよ。

A： **Can I send money overseas from this account?**
B： **Yes, of course.**

*send money「送金する」

2

A： ATMが故障していて、お金が引き出せません。
B： 至急お調べいたしますのでお待ちください。

A： **I can't withdraw money because the ATM is broken.**
B： **We'll investigate it immediately, so please wait.**

*investigate「調べる、調査する」

3

A： そんなに急いでどうしたの？
B： 3時までに入金しなきゃいけないの。

A： **Why are you in such a rush?**
B： **I have to deposit the money by 3:00.**

*in a rush「急いで、あわてて」

4

A: 切手をはがきに交換できると聞いたのですが。
B: こちらで承ります。

A: **I heard I could exchange stamps for postcards.**
B: **We accept them here.**

5

A: この手紙を速達の航空便で送ってほしいんです。
B: どこの国に送りますか？

A: **I want you to send this letter by express air mail.**
B: **What country would you like to send it to?**

6

A: 水道料金はどこで払えますか？
B: 3番窓口へどうぞ。

A: **Where can I pay my water bill?**
B: **Please go to counter 3.**

*utility bill「公共料金」、gas bill「ガス料金」、phone bill「電話料金」なども覚えておきましょう。

銀行で使う、両替に関する表現も押さえておきましょう。Could you change this yen for dollars?「この円をドルに替えてください」、Could you break a 5000-yen bill?「5000円札をくずしてもらえますか？」 *このbillは「紙幣」という意味。

第4章 近所で

4

美容院に行く

ただ髪を切るといっても「切る」「整える」「すく」など、さまざまな表現方法があります。美容師にオーダーする際、要望をしっかり伝えられるように表現の違いを確認しましょう。

基本の単語&フレーズ

○	1 整える	trim
○	2 髪をすく	thin out
○	3 パーマ、パーマをかける	perm
○	4 前髪	bangs
○	5 流行の	trendy
○	6 月に一度	once a month

基本の表現

1 髪を伸ばしたいので、整えるだけでいいです。

I want to grow my hair, so just trim it.

*ただ「揃えるだけでいいです」とオーダーする時は Just a trim, please. で OK。

2 髪の量が多いですね。すいてもいいですか？

You have thick hair. Do you mind if I thin it out?

3 パーマをかけてみたいんですが、髪の毛は傷みますか？

I want to try perming my hair, but will it cause damage?

*perm one's hair「パーマをかける」

4 自分で前髪を切ってみたのですが、失敗しました。

I tried to cut my bangs myself, but I messed up.

*mess up は「失敗する」という意味のカジュアルな言い方です。

5 今は暗めのカラーが流行しています。

Dark colors are trendy now.

*trendy のほかに、in fashion や popular も同じ意味で使うことができます。

6 月に一度ヘアトリートメントをするといいですよ。

It's good to have a hair treatment once a month.

基本のコミュニケーション

1

A： もっと短く切りますか、それとも整えるだけにしますか？
B： うーん、あと1センチだけ切ってください。

A： **Should I cut it shorter or just trim it?**
B： **Hmm, just take one more centimeter off.**

2

A： 湿気で髪が広がるんです。
B： スタイリングしやすいように、髪をすきましょう。

A： **The humidity is making my hair frizzy.**
B： **Let's thin it out so it's easier to style.**

* 雨や湿気の影響で「髪が広がる」は frizzy という単語で表現できます。

3

A： 最後にパーマをかけたのはいつですか？
B： 半年前です。

A： **When did you last get a perm?**
B： **Six months ago.**

*get a perm「パーマをかける」

4

A: 前髪はどれくらいの長さがいいですか？
B: 眉毛のちょっと上にしてください。

A: **How long do you want your bangs?**
B: **Just above the eyebrows.**

*eyebrow「眉毛」

5

A: 今年はどんな髪型が流行していますか？
B: ストレートのロングが人気です。

A: **What hairstyles are trendy this year?**
B: **Long and straight is popular.**

6

A: どれくらいのペースで美容院に通っているの？
B: 月に一度だよ。髪の毛がすぐ伸びちゃうの。

A: **How often do you go to the beauty salon?**
B: **Once a month. My hair grows really quickly.**

*once a week「週に一度」、once a year「年に一度」

「髪を染める」は dye という単語を使って I had my hair dyed yesterday.「昨日髪を染めました」のように表現します。また、color を動詞として使い、I want to color my hair black.「髪を黒く染めたいです」と言うこともできます。

Column 4

「落し物ですよ」・「お先にどうぞ」は何という？

　外出先で、前を歩いている人が何か落とし物をした場合はなんと声をかけたらいいのでしょうか？　Is this yours?（これはあなたのですか？）でもいいのですが、より丁寧に「何か落としましたよ」と言いたい場合は、Excuse me, you dropped something. や I think you dropped something. という表現を使いましょう。落としたものがはっきりわかっている場合は something の部分に your wallet（あなたの財布）などを入れれば OK です。

　また、外出先のエレベーターや建物の入り口などでドアを押さえたり、相手に道を譲るのはどの国でも共通のマナー。「お先にどうぞ」と言いたいときは、After you. というフレーズを使うとスマートです。

　ちなみに、エレベーターで「〜階をお願いします」という表現はおもに以下の2パターンがあります。

① ... floor please.

＊... には first/second/third/fourth などの序数が入ります

② Could you press ..., please?

＊... には one/two/three/four などの基数が入ります

第5章

アフター5・放課後
After work or school

It's my treat today.

1

退社する・下校する

chapter 5

仕事を終える、帰ることを伝える、予定をたずねる、相手を誘うなど、会社や学校をあとにするときに使う表現をチェックしましょう。

基本の単語&フレーズ

○	1 切り上げる	call it a day
○	2 帰る	take off
○	3 ～は何をするの？	What are you up to ...?
○	4 家に帰る	go home
○	5 家に来る	come over
○	6 立ち寄る	stop by

基本の表現

1 そろそろ切り上げよう。

Let's call it a day.

*仕事を切り上げる、終わりにして帰るという意味。Let's finish up. に言い換え可能。

2 今日は早めに帰ります。

I'm taking off early today.

*日本語の「お先に失礼します」に近いニュアンスの表現です。

3 今夜は何をするの？

What are you up to tonight?

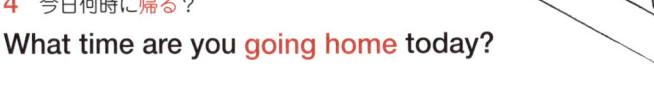

4 今日何時に帰る？

What time are you going home today?

5 うちに来ない？ 新しいゲームを買ったんだ。

How about coming over? I bought a new game.

*come over は相手を招待するときに使われるフレーズです。

6 図書館に寄ろうかと思っていたんだ。

I was thinking of stopping by the library.

第5章 アフター5・放課後

085

基本のコミュニケーション

1

A: そろそろ切り上げよう。
B: じゃあ、片づけますね。

A: **Let's call it a day.**
B: **Okay, I'll clean up.**

2

A: 今日はどうして早く帰るの？
B: アメリカから友人がやって来るんだ。

A: **Why are you taking off early today?**
B: **A friend of mine is coming from America for a visit.**

3

A: この週末は何をするの？
B: 特に何も。

A: **What are you up to this weekend?**
B: **Nothing much.**

*nothing much のほかに、nothing really や not much、nothing in particular も同じ意味の表現です。

4

A: 一緒に帰ろうよ。
B: いいよ。行くところがあるから、途中までしか一緒に行けないけど。

A: **Let's go home together.**
B: **Okay, but I have somewhere to go, so I can only go halfway with you.**

*go halfway「途中まで行く」

5

A: 明日の夜、夕食を食べにうちに来ない？
B: ごめん、先約があるんだ。また今度。

A: **Do you want to come over for dinner tomorrow?**
B: **Sorry, I already have plans. Another time.**

*How about another time?「また今度はどうかな？」のように疑問文にすると、より丁寧に。

6

A: 本屋さんに寄らない？　今日は漫画の新刊が出るよ。
B: 僕もそう思ってた！

A: **Should we stop by the bookstore? There's a new manga out today.**
B: **That's what I was thinking!**

*「漫画」は comic ではなく、そのまま manga と言っても OK。

Are you free tonight?「今夜空いてる？」、Care for a drink?「1杯どう？」も相手を誘う表現です。誘いを断るフレーズは I'm kind of busy.「ちょっと忙しくて」、I'm broke.「金欠なんだ」など。

2 同僚と食事する

店に予約の電話をする、注文する、お店のおすすめをたずねる、おごることを伝えるなど、食事に行ったときの表現です。よく使うフレーズは、そのまま覚えてしまいましょう。

基本の単語&フレーズ

1	予約する	make a reservation
2	注文する	order
3	すすめる	recommend
4	同じものをください。	I'll have the same.
5	過剰の、やり過ぎの	too much
6	おごるよ。	It's my treat.

基本の表現

1 6時から3名で予約をしたいのですが。

We'd like to make a reservation from 6:00 for three people.

---

2 ご注文はお決まりですか？

Are you ready to order?

*May I take your order? も同じ意味の決まり文句です。

---

3 おすすめは何ですか？

What do you recommend?

*Do you have any recommendations? も同じ意味の表現です。

---

4 それおいしそうだね！ 同じものをください。

It looks delicious! I'll have the same.

*「〜と同じもの」と言うときは最後に as ... を付ければ OK。例：I'll have the same as you.

---

5 あなたは飲み過ぎだと思うよ。

I think you've had too much to drink.

---

6 今日はおごるよ。

It's my treat today.

*It's on me. もよく使われる表現です。

基本のコミュニケーション

1

A： ロペスの名前で予約したよ。

B： 了解。あとで合流するから、先に行ってて。

A： **We made a reservation under Lopez.**

B： **Got it. I'll join you later, so go ahead.**

*under …「〜という名前で」

2

A： 注文いいですか？

B： はい、お伺いします。

A： **Mind if I order?**

B： **No, go ahead.**

*Is it okay if I order? も注文するときによく使う表現です。

3

A： ドリンクメニューを見せてください。

B： チリのワインがおすすめですよ。

A： **Could I see the drink menu, please?**

B： **I recommend the Chilean wine.**

4

A: 何にする？
B: ええと、同じものをください。

A: **What are you having?**
B: **Um, I'll have the same.**

5

A: 食べ過ぎでもう動けない。
B: 注文し過ぎたね。

A: **I ate too much, now I can't move.**
B: **We've ordered too much.**

6

A: おごるよ。いつもお世話になってるから。
B: いやいや、割り勘にしようよ。

A: **It's my treat. You're always taking care of me.**
B: **No, no, let's split the check.**

*split the check/bill「割り勘にする」

> カジュアルなお店でお会計をお願いするときは、Can I have the check/bill? と言えばOK。もらったおつりが間違っていたら、I think you gave me the wrong change. と言ってみましょう。

3

友人とインターネット・SNSをする

chapter 5

検索する、口コミ、投稿するなど、インターネットやSNSにまつわる基本的な表現も押さえておきましょう。

基本の単語&フレーズ

○ 1	アプリ	app
○ 2	検索する	search
○ 3	接続	connection
○ 4	（ネット上の）口コミ、評価	online review
○ 5	投稿する	post
○ 6	～に飽きる、うんざりする	get sick of ...

092

基本の表現

1 君が前に教えてくれたアプリをダウンロードしたよ。

I downloaded the app you told me about before.

*application を省略して app となります。「アプリ」は和製英語なので注意しましょう。

2 先生が話してたニュースサイトを検索しようよ。

Let's search for the news site the teacher was talking about.

3 この部屋はネットの接続が悪いね。

The Internet connection in this room is bad.

*I can't connect to the Internet.「インターネットに接続できない」も覚えておきましょう。

4 新しい映画の口コミ、良くなかったよ。

The online reviews for the new movie were bad.

5 インスタグラムに投稿しよう。

I'll post it on Instagram.

*「投稿する」は make a post という表現もあります。

6 この動画、何度も見て飽きちゃったよ。

I've seen this video so many times I got sick of it.

*get/be tired of ... も同じ意味の表現です。

第5章 アフター5・放課後

093

基本のコミュニケーション

1

A： スマホを新しくしたの。おすすめのアプリを教えて！
B： 「ABC Photo」っていう写真加工アプリがおすすめ。

A： I got a new smartphone. Tell me what apps you recommend!
B： I recommend a photo editing app called ABC Photo.

2

A： きのうテレビに出てたあの俳優がすごくかっこよかった。
B： 見逃したわ！ 検索するからその人の名前を教えて！

A： That actor on TV yesterday was really cool.
B： I missed it! Tell me his name so I can search for him!

3

A： 何もダウンロードできないんだけど。
B： ネットに接続してる？

A： I can't download anything.
B： Do you have an Internet connection?

*Are you connected to the Internet? でも OK です。

4

A: きのう行ったレストラン、かなり期待外れだった。
B: グルメサイトの評価はすごくいいのにね。

A: **The restaurant I went to yesterday was really disappointing.**
B: **The online reviews on foodie sites say it's extremely good.**

5

A: 投稿内容へのフォロワーの反響がすごかったの。
B: 何を投稿したの？

A: **My followers really reacted to what I posted.**
B: **What did you post?**

6

A: フェイスブックやってる？
B: ううん。うんざりしてやめちゃった。僕には合わなかったよ。

A: **Are you on Facebook?**
B: **No, I got sick of it and quit. It didn't suit me.**

スマホのバッテリーに関する表現をいくつか確認しましょう。My battery is dying.「電池が切れそうだよ」、Can you charge my phone for me?「携帯を充電してもらえる？」、The batteries have died.「電池切れしちゃった」などは覚えておくと便利な表現です。

4
同僚・友人と別れる

同僚や友人との別れ際のあいさつや、帰る前に交わすちょっとしたやりとりをチェックしましょう。

基本の単語＆フレーズ

○ 1	また明日。	See you tomorrow.
○ 2	ゆっくりする	stay longer
○ 3	終電	the last train
○ 4	暗くなる	get dark
○ 5	まっすぐ家に帰る	go straight home
○ 6	もうこんな時間！	Look at the time!

基本の表現

1 メリー、また明日。

See you tomorrow, Mary.

2 もう少しゆっくりできないの？

Can you stay a little longer?

3 終電に間に合いそう？

Will you make the last train?

*make the last train「終電に間に合う」。make のほかに catch や get on でも OK。

4 暗くなってきたね。そろそろ帰らないと。

It's getting dark. We'd better go home.

5 お母さんが、寄り道せずにまっすぐ家に帰るよう言ったんだ。

My mother told me to go straight home without any detours.

6 もうこんな時間！ 塾に遅れちゃうよ。

Look at the time! I'll be late for cram school.

*cram school「塾」

基本のコミュニケーション

1

A：もう1杯だけどう？
B：遠慮しておくよ。また明日！

A: **How about one for the road?**
B: **Thanks, but I can't. See you tomorrow!**

*one for the road は「帰る・別れる前の最後の一杯」という意味。

2

A：いいお店だったね。もっとゆっくりしたかったな。
B：また来週行こうよ、みんなを誘って。

A: **That was a nice place. I wanted to stay longer.**
B: **Let's go again next week and invite everyone.**

3

A：急げば終電に乗れるはずだよ。
B：いや、もうタクシーで帰るよ。

A: **You should be able to get the last train if you hurry.**
B: **No, I'll just get a taxi.**

4

A: 冬はすぐ暗くなっちゃうね。
B: うん、もっと外で過ごしたいよ。

A: **It gets dark so early in winter.**
B: **Yeah, I want to spend more time outside.**

5

A: 今日は結婚記念日だって言わなかった？
B: そうだよ。まっすぐ家に帰らないと、妻に叱られちゃうよ。

A: **Didn't you say today was your wedding anniversary?**
B: **That's right. If I don't go straight home, my wife will yell at me.**

6

A: もうこんな時間！ 家に帰らないと！
B: 楽しい時間はあっという間だね。

A: **Look at the time! I have to go home!**
B: **Time flies when you're having fun.**

*time flies は「時が経つのは早い、光陰矢の如し」という意味。

See you tomorrow. というフレーズの一番最後を next week や on Monday にかえると「また来週」「また月曜日」という意味になります。See you.「またね」、See you later.「またあとでね」もネイティブがよく使う別れ際のあいさつです。

Column 5

「ちょっと失礼します」は何という？

　お手洗いに行くために席をはずすとき、日本語では「ちょっと失礼します」と言いますが、「お手洗い」や「トイレ」という直接的な表現を避けて「トイレに行く」という旨を伝えるフレーズは英語にもあります。それが、I have to go. という言い回し。文字通り「もう行かないと」「帰らなきゃ」とその場を去るときに使われる表現ですが、お手洗いなどの「はっきりとは口に出しにくい場所に行く」場面でも使うことができます。I'll be back in a minute.、Excuse me for a moment. なども同じ意味の間接的な表現です。だれかに断ってトイレに行くとき、席を立ちながらさりげなく言うと相手に通じるでしょう。

　もちろん、bathroom（トイレ）という単語を使って I need to use the bathroom. や I'm going to go to the bathroom. と言っても OK です。

　また、外出先でトイレの場所をたずねるときは Where's the bathroom? や I'm looking for the bathroom. などの表現を使いましょう。

第6章

夜

Evening

How was your day?

chapter 6

1
帰宅する・出迎える

会社や仕事を終え、家に帰るまでの表現です。家族に帰宅の連絡をする、帰り道に買ってきてほしいものを伝える、家族を出迎えるなど、使用頻度の高いフレーズです。

基本の単語&フレーズ

○	1 これから帰るよ。	I'm on my way home now.
○	2 家で食事する	eat at home
○	3 買う	pick up
○	4 ただいま。	I'm home.
○	5 ～はどうだった？	How was ...?
○	6 掛ける	hang up

基本の表現

1 これから帰るよ。

I'm on my way home now.

*I'm going home now. と同じ意味の表現です。

2 今夜は遅くなるけど、家で食事するよ。

I'm going to be late tonight, but I'll eat at home.

3 スーパーで朝食用のパンを買ってきてくれない？

Can you pick up some bread for breakfast at the supermarket?

4 お母さん、ただいま。

Mom, I'm home.

*I'm home. は帰宅時の定番表現ですが、シンプルに Hi, Mom. と言うだけでも OK。

5 今日はどうだった？

How was your day?

* このように聞かれたときの返事は It was great/fine/not so good. などがあります。

6 コートを脱いで、ハンガーに掛けなさい。

Take off your coat and hang it up.

基本のコミュニケーション

1

A： もしもしアン、これから帰るよ。
B： 了解。何時に着きそう？

A： Hi, Anne. I'm on my way home now.
B： Okay. What time do you think you'll get here?

2

A： 今夜は家で夕食を食べられそうにないんだ。
B： それは残念だわ。あなたの好物を作ったのに。

A： It doesn't look like I'll be able to eat dinner at home tonight.
B： That's a shame. I made one of your favorite dishes.

*That's a shame. は「それは残念だ」という意味の決まり文句です。

3

A： 何かお店で買うものはある？
B： ティッシュがなくなったから買ってきてもらえる？

A： Should I pick up something from the store?
B： We ran out of tissues, could you get some?

4

A: ただいま。

B: おかえり。外は暑いでしょう。

A: **I'm home.**

B: **Hi. It's hot out there, isn't it?**

*「おかえり」は Welcome home. などの色々な表現がありますが、ただ Hello. や Hi. でもＯＫです。

5

A: 学校はどうだった？

B: 友達とけんかしたんだ。

A: **How was school?**

B: **I got in a fight with my friend.**

*「仕事はどうだった？」は How was work? となります。

6

A: ハンガーに掛けないとシャツがしわくちゃになるよ。

B: わかった、今やるよ。

A: **Your shirt will get wrinkled if you don't hang it up.**

B: **All right. I'll do it now.**

*get wrinkled「しわになる」

ちょっとした買い物や用事を頼むときは、run to .... というフレーズを使いましょう。例えば「ちょっとスーパーに行ってきてくれない？」は Can you run to the supermarket? でＯＫ。「ちょっと行く、急いで行く」というニュアンスがあり、おつかいを頼むときなどに使われる表現です。

第6章 夜

2 お風呂に入る

お風呂に入るときに使う表現です。日本語でもよく耳にする単語がいくつか出てくるので、比較的覚えやすいかもしれません。お風呂場で実際に使ってみましょう。

基本の単語&フレーズ

○	1 風呂に入る	take a bath
○	2 浴槽	tub
○	3 すすぐ	rinse
○	4 のぼせる	dizzy
○	5 さっぱりする、すっきりさせる	refreshing
○	6 換気扇	fan

基本の表現

1 テレビを見てないで、お風呂に入りなさい。

Stop watching TV and take a bath.

---

2 浴槽にお湯をはって。

Fill the tub.

*tubには「たらい、おけ」という意味もあります。

---

3 髪の毛をよくすすいでね。

Make sure to rinse your hair really well.

---

4 お湯が熱くてのぼせちゃったよ。

The water was so hot it made me dizzy.

*The water was so hot I got dizzy. も同じ意味の表現です。

---

5 ああ、さっぱりした！

That was refreshing!

---

6 換気扇をつけて。

Turn the fan on.

*electric fan は「扇風機」という意味です。

基本のコミュニケーション

1

A： もうお風呂に入ったよ。
B： 早く髪を乾かしなさい。

A： **I've already taken a bath.**
B： **Hurry up and dry your hair.**

2

A： 最後にお風呂に入った人は浴槽を洗ってね。
B： 了解、やっておくよ。

A： **The last person to take a bath cleans the tub.**
B： **Okay, I'll do it.**

3

A： 髪の毛をすすいだの？
B： まだ泡が残ってる？

A： **Did you rinse your hair?**
B： **Are there some suds left?**

*suds「(石けんなどの) 泡」

4

A: のぼせる前に浴槽から出なさい。
B: もう少し入っていたいな。

A: Get out of the tub before you get dizzy.
B: I want to stay in a little longer.

5

A: すっきりしたよ！　今日は暑くてたくさん汗をかいたから。
B: 何か冷たい飲み物はいる？

A: That was refreshing! It was really hot today and I sweated a lot.
B: Do you want something cold to drink?

6

A: 換気扇の音がうるさいね。
B: でも、カビ防止のためにつけておくのがいいよ。

A: The fan makes too much noise.
B: But it's best to leave it on to prevent mildew.

*「カビ」は mildew や mold です。

I'll just take a shower.「シャワーだけでいいや」、Sorry for the late reply. I just got out of the bath/shower.「返事が遅れてごめん。ちょうどお風呂 / シャワーから出たところだよ」なども覚えておくと便利な表現です。

3

夕食をとる

夕食の準備をする、料理の出来について話す、味の感想を述べる、外食をするなど、食事にまつわる表現です。

基本の単語&フレーズ

1	食卓	table
2	今行くよ。	I'm coming.
3	煮過ぎる、焼き過ぎる	overcook
4	くせになる	addictive
5	外食する	eat out
6	いっぱいの	full

基本の表現

1 夕食の準備をするから、食卓を片づけて。

Clear the table so I can prepare for dinner.

2 わかった、今行くよ。

Okay, I'm coming.

* 誰かに呼ばれたときや手が離せないときに使う「今行きます」「すぐ行くよ」という表現。

3 ごめんなさい、お肉を焼き過ぎちゃった。

Sorry, I overcooked the meat.

* 焦がしてしまった場合は burn を使い、I burned the meat. と言えばＯＫ。

4 くせになる味だね。いくらでも食べられるよ。

This is addictive... I can't stop eating it.

5 今夜は外食しましょう。良さそうなタイ料理のお店を見つけたの。

Let's eat out tonight. I found a Thai restaurant that looks good.

6 お腹いっぱい。ああ、おいしかった。

I'm full. That was delicious.

*I'm stuffed. も I'm full. と同じく「お腹がいっぱいです」という意味のフレーズです。

基本のコミュニケーション

1

A: 何か手伝うことはある？

B: 食卓にお皿やコップを並べてくれる？

A: **Is there anything I can help with?**

B: **Can you set the plates and cups on the table?**

*お皿やコップ、ナイフやフォークなどの食器をまとめて表現するときは tableware でも OK。

2

A: 夕食が冷めちゃうよ。

B: わかった、今行くよ。

A: **Your dinner's getting cold.**

B: **Okay, I'm coming.**

3

A: この魚、煮過ぎだね。パサパサだよ。

B: ごめん。キッチンを離れるとき、コンロの火を消し忘れちゃったの。

A: **This fish is overcooked. It's dried out.**

B: **Sorry, I forgot to turn off the stove when I left the kitchen.**

*dry out「水分が抜ける、乾く」

4

A： どうかな？ 初めて作ったんだけど。
B： おいしくて、くせになる味だよ。

A： **How is it? It's the first time I've ever made it.**
B： **It's so good that it's addictive.**

5

A： 外食したい？ それともピザを頼む？
B： そうだなあ。今夜はピザの気分かな。

A： **Do you want to eat out? Or should we order a pizza?**
B： **Hmm ... I feel like pizza tonight.**

6

A： おかわりは？
B： いや、もうお腹いっぱい。ごはんを3杯も食べたんだ。

A： **Do you want some more?**
B： **No, I'm full. I had three bowls of rice.**

*Care for another? もおかわりがいるかをたずねるときによく使う表現です。

Isn't dinner ready yet?「夕飯まだ？」、My stomach is growling.「お腹が鳴ってるよ」、My mouth is watering.「（おいしそうで）よだれが出ちゃう」などは食事の前に使えるフレーズです。

4 後片付けをする

夕食が済んだら、後片付けの時間です。お皿を洗う、残り物を保存する、お皿を拭くなどの表現をチェックしましょう。

基本の単語&フレーズ

○	1 流し、流し台	sink
○	2 皿洗いをする	do the dishes
○	3 水につける	soak
○	4 残り物	leftovers
○	5 ラップをかける	wrap
○	6 ふきん	dishtowel

基本の表現

1 食器を流しに運んでくれる？

Can you take the dishes to the sink?

*kitchen sink ということもあります。

---

2 今日はあなたが皿洗いをする番よ。

It's your turn to do the dishes today.

* ここで使われている turn は「順番」という意味。

---

3 お鍋は水につけておいて。

Please soak the pot in water.

---

4 残り物はプラスチック容器に入れましょう。

Let's put the leftovers in a plastic container.

---

5 そのお皿にラップをかけてくれる？

Can you wrap that plate up for me?

---

6 あのふきんでお皿を拭いて。

Wipe the plates with that dishtowel.

*dishcloth も同じ意味。

基本のコミュニケーション

1

A: 流しが食器でいっぱいだわ。
B: 片付けを終わらせて、DVD観ようよ！

A: **The sink is full of dishes.**
B: **Let's finish cleaning up so we can watch a DVD!**

2

A: なんでそんな顔をしているの？
B: 皿洗いをするのは嫌いなんだよ。

A: **Why do you have that look on your face?**
B: **I hate doing the dishes.**

*look on one's face「顔つき、表情」

3

A: 油がついたお皿は、ほかのお皿と混ぜないでね。
B: じゃあ、白いお皿は分けて水につけておくね。

A: **Don't mix the greasy dishes with the others.**
B: **Okay, I'll separate the white dishes and soak them.**

*greasy「油がついた、油まみれの」

4

A: 残り物は明日のお弁当に入れよう。

B: えー、明日も同じものを食べなければならないの？

A: **We can use the leftovers for tomorrow's lunch box.**

B: **What? We have to eat the same thing again tomorrow?**

5

A: どうやって温め直すの？

B: ラップをかけて、レンジで１分チンして。

A: **How should I reheat it?**

B: **Wrap it and microwave it for one minute.**

*reheat「温め直す、再加熱する」

6

A: ふきんがびしょぬれだよ。

B: 終わったら、干して乾かして。

A: **The dishtowel is soaking wet.**

B: **Hang it up to dry after you finish.**

*soaking wet は「びしょぬれで」という意味。雨に降られてしまったときなどに I'm soaking wet!「ずぶぬれだよ！」のように使います。

例文では leftovers「残り物」のように名詞として使いましたが、s をつけずに形容詞として leftover food「食べ残し」、leftover soup「余ったスープ」のように使うことも可能です。There is some leftover pizza in the fridge.「冷蔵庫の中に残ったピザがあるよ」

Column 6

「肩がこる」は何という？

　一日の仕事を終えたあと、肩がこったと感じる人は多いと思います。では、英語で「肩がこっています」はどのように表現するのでしょうか？

　正解は、I have a stiff lower neck. です。

　「(筋肉などが)こった」という意味の stiff という単語を使って表現します。「肩こりなのに neck (首)を使うの？」と思うかもしれません。たしかに stiff shoulder でも間違いではないのですが、英語の shoulder は肩だけでなく上腕のあたりまでを指すイメージがあるため、「首の付け根」をあらわす lower neck のほうが日本語の「肩こり」に近い感覚といえます。このように、日本語と英語で異なった表現を探してみるのも英語学習を楽しむポイントです。

　以下は「肩」を使ったその他の英語表現です。

・彼の肩を持つの？

　Are you going to take his side?

・ただ肩慣らしをしただけだよ。

　I was just warming up.

第7章

家族団らん
Family time

Dad, can I watch TV?

1 子どもとの会話

chapter 7

テレビを見る、行儀が悪いと叱る、電話に出るよう促すなど、家庭内で交わす親子の何気ない会話をチェックしましょう。

基本の単語&フレーズ

○	1 テレビを見る	watch TV
○	2 散歩に行く	go for a walk
○	3 おやつ	snack
○	4 行儀	manners
○	5 トランプをする	play cards
○	6 電話に出る	answer the phone

基本の表現

1 お父さん、テレビを見てもいい？ お気に入りの番組がもうすぐ始まるんだ。

Dad, can I watch TV? My favorite program's about to start.

2 みんなで公園まで散歩に行くのはどう？

How about we all go for a walk to the park?

*「散歩する」は take a walk を使います。

3 おやつのあとは、ちゃんと歯を磨いてね。

Make sure you brush your teeth after your snack.

4 お行儀が悪いわよ！

Mind your manners!

* 行儀の悪い子どもをたしなめるときなどに使う表現です。

5 トランプしようよ。お母さんもやる？

Let's play cards. Mom, do you want to play?

6 ケン、電話に出て！ 今手が離せないの。

Ken, answer the phone! My hands are full right now.

*hands are full「手が離せない、手一杯だ」

基本のコミュニケーション

1

A : もう何時間もテレビを見てるよ。寝る準備しなさい。
B : じゃあ、アニメは録画しておいてね。

A : **You've already been watching TV for hours. Get ready for bed.**
B : **Then please record that cartoon for me.**

*record「録画する」

2

A : お父さんとお散歩に行きたい。
B : でも、外は雨が降ってるよ。

A : **I want to go for a walk with Dad.**
B : **But it's raining out.**

*raining out=raining outside

3

A : お腹すいた。おやつ食べてもいい?
B : 少しだけだよ。

A : **I'm hungry. Can I have a snack?**
B : **Just a small one.**

4

A: テーブルから足を降ろしなさい。行儀が悪いわ。

B: はいはい、もうしないよ。

A: **Get your feet off the table. It's bad manners.**

B: **Okay, okay, I won't do it anymore.**

5

A: 遅くまで起きて何してるの？

B: お父さんとトランプしてたんだ。

A: **What are you still doing up?**

B: **I was playing cards with Dad.**

* ここで使われている up は awake「起きている」という意味。

6

A: なんで電話に出なかったの？　何回も携帯にかけたのに。

B: 携帯を家に置き忘れたんだ。

A: **Why didn't you answer the phone? I called your cell phone so many times.**

B: **I left my cell phone at home.**

* この left は leave「置いたままにする、置き忘れる」の過去形。

「さすがだね」「すごいじゃない」と相手をほめるフレーズに I'm very proud of you. があります。Keep it up.「その調子でがんばって」、Way to go.「よくやった」、You did it!「やったね！」などもあわせて覚えておきましょう。

2 夫婦の会話

その日にあったことを伝える、相手を励ます、家事のことについて話す、けんかをするなど、よくある夫婦の会話表現です。

基本の単語&フレーズ

1 電話がある	get a call
2 夕刊	evening paper
3 ペットを飼う	have a pet
4 うまくいく	go well
5 家事を手伝う	help around the house
6 いい加減にして！	That's enough!

基本の表現

1 今日、母から電話があったの。あまり体調がよくないみたい。

I got a call from my mother today. She's not feeling very well.

---

2 ねえ、夕刊はどこかな？

Hey, where's the evening paper?

*朝刊は morning paper です。

---

3 ケンがペットを飼いたいって言うの。

Ken says he wants to have a pet.

*get a pet という言い方もできます。

---

4 明日はプレゼンだね。うまくいくといいね。

Your presentation is tomorrow. I hope it goes well.

---

5 週末は家事を手伝うようにするよ。

I'll help around the house on the weekend.

---

6 いい加減にして！ もうこれ以上聞きたくない。

That's enough! I don't want to hear any more.

*相手の言動にうんざりして「いい加減にしろ」「もうたくさんだ」というニュアンスのフレーズ。

第7章 家族団らん

125

基本のコミュニケーション

1

A： 昨日、ジョージから電話があったよ。
B： 本当？　彼、何だって？

A： **I got a call** from George yesterday.
B： Really? What did he say?

2

A： 夕刊取ってくれない？
B： 自分で取れるでしょ。

A： Can you get the **evening paper**?
B： You can get it yourself.

3

A： お隣さんが犬を飼い始めたの。いいなあ。
B： ペットを飼うのは大変だよ。毎日散歩に連れて行けるの？

A： The next-door neighbors just got a dog. I'm jealous.
B： It's hard to **have a pet**. Can you take it for a walk every day?

*jealous の前に so を加えると、より強調した表現になります。I'm so jealous!「すっごくうらやましい！」

4

A: 今日のプレゼンはあまりうまくいかなかったよ。

B: 残念だね。また次があるよ。

A: **My presentation today didn't go too well.**

B: **That's too bad. There's always next time.**

*There's always next time. は落ち込んでいる相手を励ますときに使うフレーズです。

5

A: なんでそんなに怒っているの？　教えてよ。

B: あなたが全然家事を手伝わないからよ。私だって働いているのに。

A: **Why are you so angry? Tell me.**

B: **Because you never help around the house. I have a job too, you know.**

6

A: また飲んできたの？　今夜は飲まないって約束したのに。

B: いい加減にしてよ！　もう聞き飽きたよ。

A: **Have you been drinking again? You promised you wouldn't drink tonight.**

B: **That's enough! I'm tired of hearing it.**

会話中、相手が自分の話を理解しているか確認したいときは、Are you with me? とたずねてみましょう。直訳は「あなたは私と一緒にいますか？」ですが、転じて「話についてきていますか？、聞いてますか？」という意味になります。

3 明日の準備・予定の確認をする

chapter 7

寝る前は明日の準備や予定の確認をしましょう。着ていく服を選ぶ、やることを確認する、待ち合わせの時間や場所を決めるなど、使用する機会も多い表現です。

基本の単語&フレーズ

1 着る	wear
2 後回しにする	put off
3 〜の荷造りをする	pack for ...
4 会う	meet up
5 定期	train pass
6 計画を立てる	make a plan

基本の表現

1 明日は何を着たらいいかな？

What should I **wear** tomorrow?

*「着る」は wear 以外に put on という表現もあります。

2 宿題やったの？　後回しにしちゃだめだよ。

Did you do your homework? You shouldn't **put** it **off**.

3 出張の荷造りをしないと。

I need to **pack for** my business trip.

*business trip「出張」

4 明日は6時に駅で会おう。遅れそうだったら電話するよ。

Let's **meet up** at the station at 6:00 tomorrow. I'll call you if I'm going to be late.

5 今日で定期が切れたの。明日の朝、新しいのを買わなくちゃ。

My **train pass** expired today. I have to buy a new one tomorrow morning.

6 今週末の計画を立てないと。何がしたい？

We need to **make a plan** for this weekend. What do you want to do?

第7章　家族団らん

基本のコミュニケーション

1

A： パーティーには何を着たらいいと思う？
B： うーん、その黒のワンピースはどう？

A： What should I wear for the party?
B： Well, how about that black dress?

2

A： これあとでやってもいい？
B： だめよ、後回しにしないで。今やらないと。

A： Can I do this later?
B： No, don't put it off. You need to do it now.

3

A： 修学旅行の荷造りは終わったの？
B： 今からやるよ。

A： Did you finish packing for your school trip?
B： I'm going to do it now.

*school trip「修学旅行」

4

A: もしもしメリー、明日はどこで会う？
B: ABCホールの入り口はどう？

A: **Hello, Mary? Where do you want to meet up tomorrow?**
B: **How about at the entrance to ABC Hall?**

5

A: 家に帰る途中で定期をなくしたの。
B: 明日、駅員に聞いてみたら？

A: **I lost my train pass on the way home.**
B: **How about asking the station staff tomorrow?**

*「定期を落としました」と言いたい場合は I dropped my train pass. となります。

6

A: もうすぐ夏休みだね。
B: もうそんな時期か。旅行の計画を立てなくちゃ！

A: **Summer vacation is almost here.**
B: **Wow, that was fast. We'd better make a plan for our trip!**

---

meet up は、基本的には up を省略して meet だけで使っても OK。meet が初対面の相手や偶然の出会いも含めた「会う」こと全般に使えるのに対し、meet up には「知人・友人と時間や場所を決めて会う」というニュアンスがあり、ややカジュアルな表現です。

第7章 家族団らん

4 就寝する

chapter 7

1日を終えて、ついに寝る時間。おやすみ前の定番あいさつや、目覚ましのセット、布団をかける、いびきや寝言などに関する表現をチェックしましょう。

基本の単語&フレーズ

1 寝る	go to bed
2 目覚ましをかける	set the alarm
3 ぐっすり眠ってね。	Sleep tight.
4 (掛け) 布団	covers
5 いびき	snoring
6 寝言を言う	talk in one's sleep

基本の表現

1 今日は疲れたから早く寝るよ。

I'm tired today, so I'm going to bed early.

*go to bed は「これから寝ようとする」状況で使うフレーズです。

---

2 あぶない、目覚ましをかけ忘れるところだった。

That was close. I almost forgot to set the alarm.

*I almost forgot to turn the alarm on. でも OK。

---

3 ぐっすり眠ってね。

Sleep tight.

*定番の Good night. や Sweet dreams. も就寝前によく使うあいさつです。

---

4 彼に布団をかけてあげて。

Put the covers over him.

---

5 あなたのいびきがうるさくて目が覚めちゃった。

Your snoring was so loud it woke me up.

*動詞で「いびきをかく」は snore です。

---

6 寝言を言ってたよ。

You were talking in your sleep.

基本のコミュニケーション

1

A： もう寝たら？
B： 今日昼寝をしたから、全然眠くないの。

A： **Why don't you go to bed?**
B： **I took a nap today, so I'm not sleepy at all.**

*take a nap「昼寝をする、うたた寝をする」

2

A： 明日はいつもより早く出るよ。
B： 何時に目覚ましをかければいい？

A： **I'm going to leave earlier than usual tomorrow.**
B： **What time should I set the alarm for?**

3

A： ぐっすり眠ってね。
B： あと5分だけ本を読ませて。

A： **Sleep tight.**
B： **Please let me read for five more minutes.**

4

A: 寒い！ あなたのほうに布団をひっぱらないでよ。
B: ねえ、僕も寒いんだよ。

A: **I'm cold! Stop pulling the covers to your side.**
B: **Hey, I'm cold too.**

5

A: 昨日の夜、君のいびきがすごくうるさかったよ。眠れなかった。
B: 冗談言わないで。私はいびきはかかないわ。

A: **Your snoring was so loud last night. I couldn't sleep.**
B: **Oh, stop it. I don't snore.**

* この Oh, stop it. は、Oh, stop joking. と同じで「やめてよ、からかわないで」という意味。

6

A: 今、何か聞こえなかった？
B: ケンが寝言を言ってるんだよ。

A: **Did you hear something just now?**
B: **That's Ken talking in his sleep.**

---

take a nap のほかに doze off というフレーズにも「うたた寝をする、うとうとする」という意味があります。I was just dozing off.「うとうとしてたよ」、He dozed off watching TV on the sofa.「彼はソファーでテレビを見ながらうとうとした」のように使います。

第7章 家族団らん

Column 7

会話のきっかけ②
家族・ペットの話題

　会話につまったときは、家族やペットなどの身近なトピックからコミュニケーションのきっかけを作りましょう！

There are four people in my family.（4人家族です）

Do you have any siblings?（きょうだいはいますか？）

I have an older brother.（兄が1人います）

I have two younger sisters.（妹が2人います）

I live alone.（一人暮しです）

Everyone says I look like my mother.

（母に似ていると言われます）

You take after your father.

（お父さんにそっくりですね）

Do you have any pets?

（ペットは飼っていますか？）

I have two cats and a dog.

（猫を2匹、犬を1匹飼っています）

What kind of dog is he/she?

（犬種は何ですか？）

第8章

休 日
Days off

How about going for a drive?

1 ドライブする

ドライブに誘う、道をたずねる、ガソリンを入れるなど、車に乗って出かけるときに役立つフレーズです。そのまま覚えて使ってみましょう。

基本の単語&フレーズ

1	ドライブに行く	go for a drive
2	曲がる	turn
3	渋滞にはまる	get stuck in traffic
4	道	way
5	駐車する	park
6	満タンにする	fill up

基本の表現

1 ドライブに行かない？　すごくいい天気だよ。

How about going for a drive? It's a beautiful day.

*take a drive「ドライブする」もあわせて覚えておきましょう。

2 郵便局に着いたら左に曲がって。

Turn left when you get to the post office.

*get to ...「〜に着く、到達する」

3 渋滞にはまったよ。何時にそこに到着するかわからないな。

I got stuck in traffic. I don't know what time I'll get there.

4 これは ABC 動物園に行く道ですか？

Is this the way to ABC Zoo?

5 ここに駐車してもいいですか？

Can I park here?

*Can I park my car? という表現でもＯＫです。

6 レギュラー満タンで。

Fill it up with regular.

* 英語では車や船などを女性代名詞で表現することもあります。例：Fill her up.

第8章　休日

基本のコミュニケーション

1

A： 暇だな。何か楽しいことないかな？
B： 海にドライブに行こうよ！

A： I'm bored. Isn't there anything fun to do?
B： Let's go for a drive to the beach!

2

A： 右に曲がって、駒沢通りに入って。
B： 了解。そのあとはまっすぐだよね？

A： Turn right onto Komazawa Street.
B： Okay, and then I go straight, right?

3

A： 帰省ラッシュで高速が混んでたね。
B： 帰る途中で渋滞にはまりそうだね。

A： The expressway was crowded because everyone's on their way to their hometowns.
B： We'll probably get stuck in traffic on the way home.

*英語では「帰省ラッシュ」に該当する単語がありませんが、ここでは「みんながふるさとへ帰る途中で」という表現を用いて「帰省ラッシュ」を表しています。

4

A: 道に迷ったみたい。
B: 地図を見て、今いる場所を把握しよう。

A: **It looks like we lost our way.**
B: **Look at the map and figure out where we are now.**

*figure out には、理解する、考え出す、調べるなどさまざまな意味があります。

5

A: あれ、どこに駐車したっけ？
B: C-5だよ。ここの駐車場はかなり広いよね。

A: **Where did we park again?**
B: **We parked in C-5. This parking area is huge.**

*文末にくる ...again? は、以前やったことや聞いたことを忘れて、もう一度聞くときのカジュアルな表現。日本語の「〜だっけ?」にあたります。

6

A: いらっしゃいませ。
B: レギュラー満タンでお願いします。

A: **Hi, what can we do for you today?**
B: **Fill it up with regular, please.**

Watch out for pedestrians.「歩行者に気をつけて」、Fasten/Put on your seatbelt.「シートベルトを締めて」も覚えておきましょう。また、車で出かける人には Drive carefully.「運転気をつけてね」と言って見送りましょう。

2 友人の家に行く

chapter 8

待ち合わせ場所で会ったとき、来客を家に迎え入れるとき、手土産を渡すときなどの定番表現に加え、ちょっとした雑談で使うフレーズも確認しましょう。

基本の単語＆フレーズ

1	いたいた！	There you are!
2	中に入って。	Come on in.
3	くつろぐ	make oneself at home
4	持ってくる	bring
5	手作りの、自家製の	homemade
6	〜と仲良くする	get along with ...

基本の表現

1 いたいた！　あちこち探しちゃったよ！

There you are! I've been looking for you everywhere!

＊待ち合わせをしていた相手に会えたときの表現です。

---

2 中に入って。

Come on in.

＊家やオフィスなどに相手を招き入れるときの定番フレーズ。

---

3 どうぞ座って、くつろいでね。

Please sit down and make yourself at home.

---

4 ちょっとしたものを持ってきたの。

I brought you a little something.

＊日本語の「つまらないものですが…」に近いニュアンス。手土産などを渡すときに。

---

5 母の手作りのケーキよ。

This is my mom's homemade cake.

---

6 ご主人とは仲良くやっているの？

Do you get along with your husband?

第8章　休日

基本のコミュニケーション

1

A: ああ、いたいた、アン！
B: 久しぶり。元気そうだね！

A: **Oh, there you are Anne!**
B: **It's been a while. You look great!**

2

A: 中に入って。この場所はすぐにわかった？
B: ええ、すぐにわかりました。

A: **Come on in. Did you have any trouble finding the place?**
B: **No, not at all.**

3

A: いらっしゃい。上着を脱いで、くつろいでね。
B: すてきなおうちですね！

A: **Come on in. Take off your coat and make yourself at home.**
B: **You have a lovely home!**

*lovely「すてきな、すばらしい」

4

A： お土産を持ってきたの。気に入ってくれるといいんだけど。

B： 気をつかわなくてもよかったのに。どうもありがとう。

A： **I brought you a souvenir. I hope you like it.**

B： **Oh, you shouldn't have. Thank you so much.**

*You shouldn't have. は相手の好意や気づかいに対するお礼の気持ちを表す決まり文句。

5

A： 自家製のバナナブレッドよ。食べてみて。

B： わあ、とってもおいしい！ レシピを教えてくれない？

A： **This is homemade banana bread. Please try some.**

B： **Wow, it's delicious! Can I have the recipe?**

6

A： 新しい仕事はどう？

B： 順調よ。同僚とも仲良くやっているわ。

A： **How's your new job going?**

B： **It's going well. I'm getting along with my co-workers.**

* 同僚は co-worker もしくは colleague です。

自分の家に誰かを招いたときの別れ際には、Please come again.「また来てね」や Come again any time.「いつでも来てね」などと言って送り出しましょう。

3
デートする

chapter 8

相手を誘う、待たせたことを詫びる、楽しい時間を過ごせたことを相手に伝えるなど、デートや恋愛にまつわる表現です。

基本の単語&フレーズ

1	～をデートに誘う	ask ... out
2	車で迎えに行く	pick up
3	～を待たせる	make ... wait
4	楽しく過ごす	have a good time
5	付き合う	go out
6	ドタキャンする	back out at the last minute

146

基本の表現

1 ハリーにデートに誘われたの。どう思う？

Harry asked me out. What do you think?

*「誘われた」場合でも I was asked out by him. のような受動態の表現は不自然。能動態で OK。

2 12時に車で迎えに行くね。

I'll pick you up at 12:00.

3 待たせてごめんね。

I'm sorry to have made you wait.

*I'm sorry to have kept you waiting. も同じ意味です。

4 昨晩はとても楽しく過ごせたわ。ありがとう。

Thanks, I had a really good time last night.

*have a blast も同じ意味のカジュアルな口語表現。例：I had a blast last night.

5 僕と付き合ってくれない？

Will you go out with me?

*go out の意味は「出かける」だけではなく、「付き合う」という意味もあります。

6 信じられない！ 彼、デートをドタキャンしたの。

I can't believe it! He backed out of our date at the last minute.

基本のコミュニケーション

1

A： 彼をデートに誘ったの。
B： 彼はなんだって？

A： **I asked him out on a date.**
B： **What did he say?**

2

A： 車で迎えに来てくれる？
B： もちろん。いつがいいかな？

A： **Can you pick me up?**
B： **Of course. When's good for you?**

3

A： まだ怒ってるの？
B： あたりまえだよ。2時間も私を待たせたじゃない。

A： **Are you still upset?**
B： **What do you expect? You made me wait for two hours.**

*upset は angry と同じく「怒って、腹を立てて」という意味。What do you expect? の直訳は「何を期待しているの？」ですが、転じて「あたりまえだ、当然だ」という意味で使うことができます。

4

A: 彼と楽しく過ごせたの？
B: うん。こんなにすてきなデートは初めて！

A: **Did you have a good time with him?**
B: **Yes, I've never been on such a great date!**

*have never been ... は「一度も〜したことはない＝初めて」という意味になります。

5

A: どれくらい彼女と付き合っているの？
B: 3カ月くらいかな。

A: **How long have you been going out with her?**
B: **About three months.**

6

A: 早かったのね。今夜はデートじゃなかった？
B: 彼女がドタキャンしたんだ。

A: **You're home early. Didn't you have a date tonight?**
B: **She backed out at the last minute.**

相手に付き合っている人がいるかをたずねたいときは、Do you have a boyfriend/girlfriend? も間違いではありません。ただ、やや直接的な印象があるので、Are you seeing someone?「付き合っている人はいるの？」という表現が使われることが多いです。

第8章 休日

4 イベントに参加する

chapter 8

パーティーなどのイベントに参加したときに役立つ表現です。初対面の人との会話やドリンクを取りに中座するときの言い回しなどを覚えましょう。

基本の単語&フレーズ

1	パーティーをする	have a party
2	招待する	invite
3	乾杯する	make a toast
4	〜と知り合う	get to know ...
5	取る、飲む	grab
6	会う	get together

150

基本の表現

1 クリスマスパーティーをしようよ。

Let's have a Christmas party.

*hold a party も同じ意味の表現。

2 こんなにすてきなパーティーに招待してくれてありがとう！

Thanks for inviting me to such a great party!

3 乾杯しよう！

Let's make a toast!

4 ジョージとはどうやって知り合ったんですか？

How did you get to know George?

5 飲み物を取ってきます。

I'm going to go grab another drink.

* ネイティブの日常会話では、get のかわりにこの grab を使うことも多いです。

6 またいつか会いましょう。

Let's get together again sometime.

*get together は meet に言い換えることができます。

基本のコミュニケーション

1
A： 来週、うちでジョンのお別れパーティーをするの。
B： ご近所さんに、来るか聞いてみよう。

A： **We're having a goodbye party for John at my house next week.**
B： **Let's ask the neighbors to come.**

2
A： あの人は誰？　誰が彼を招待したの？
B： 彼はトムの同僚だよ。

A： **Who's that? Who invited him?**
B： **He works with Tom.**

3
A： 私たちの成功を祝して乾杯しましょう。
B： 乾杯！

A： **Let's make a toast to our success.**
B： **Cheers!**

*「〜のために乾杯」と言いたいときは、このように to のあとに理由 (例：our future、our company) などを入れればOK。

4

A： ふたりはどうやって知り合ったの？
B： 共通の友人が私たちを紹介したの。

A： **How did you get to know each other?**
B： **A mutual friend introduced us.**

*mutual friend「共通の友人」

5

A： パーティーのあと、軽く飲みましょう。
B： ぜひ。ここからそんなに遠くない店を知ってますよ。

A： **Let's grab a drink after the party.**
B： **Sounds good. I know a place not far from here.**

6

A： お話できて光栄でした。
B： また近いうちにお会いしましょう。

A： **It was nice talking with you.**
B： **Let's get together again sometime soon.**

*sometime soon「近いうちに、そのうち」

Who else is coming?「ほかに誰が来るの？」、Who are you here with?「誰と一緒に来たの？」、Excuse me, I should say hi to ...「ちょっとごめん、〜にあいさつしないと」、Just bring yourself.「手ぶらで来てね」などの表現もイベントでよく使われます。

第8章 休日

Column 8

招待状に使われる略語

■ BYOB

パーティーの招待状やレストランの入り口で目にするこの表記は、Bring Your Own Bottle/Booze の略。bottle は「お酒のボトル」、booze は「アルコール類」のことを指しており、「酒類は各自ご持参ください」という意味です。持ち寄り式のパーティーやアルコール類の持ち込みが OK のお店で、みんなに自分の好きなお酒を持参してほしいときに使われます。

■ RSVP

パーティーの招待状などで使われる RSVP はフランス語の Repondez s'il vous plait. の略で、英語で Please reply.「お返事ください」という意味の定番表現。出席欠席にかかわらず、返事をするのがエチケットです。「〜までに」と期限を伝える場合は RSVP by 12/24 のように日付や曜日などを付け足せば OK。一方、RSVP Regrets only と書いてある場合は「欠席の場合だけお返事ください」ということ。出席の連絡が不要なときはこのように記すといいですね。

第9章

趣味・習い事
Hobbies and lessons

Why don't we go running around the Imperial Palace tonight?

1
スポーツ・アウトドア

一緒に何かをしようと誘ったり、趣味を始めたきっかけをたずねたりするときの表現や、スポーツ観戦で使える言い回しをチェックしましょう。

基本の単語&フレーズ

1	〜しない？	Why don't we ...?
2	〜を始めたきっかけは何でしたか？	How did you get into ...?
3	雨具	rain gear
4	応援する	root for
5	（試合の）流れ	momentum
6	得点する、得点	score

基本の表現

1 今夜、皇居周辺にランニングしに行かない？

Why don't we go running around the Imperial Palace tonight?

2 ダイビングを始めたきっかけは何でしたか？

How did you get into diving?

*趣味や習い事だけでなく、仕事を始めた経緯をたずねるときにも使える表現です。

3 登山するときは、必ず雨具を持ってきて。

If you're going mountain climbing, make sure you bring rain gear.

4 どのチームを応援していますか？

Which team are you rooting for?

*cheer for も同じく「応援する」という意味のフレーズです。

5 あのホームランが流れを変えたよね。

The home run changed the momentum.

6 その試合で彼は2得点した。

He scored two goals in that match.

* ここでは、動詞の「得点する」という意味で使われています。

第9章 趣味・習い事

基本のコミュニケーション

1

A: 今週末バーベキューしない？
B: いいキャンプ場を知ってるよ。

A: **Why don't we** have a barbeque this weekend?
B: I know a good camping ground.

2

A: ヨガ教室のおかげで、最近すごく体の調子がいいの。
B: ヨガを始めたきっかけは何だったの？

A: I feel really good lately, thanks to my yoga classes.
B: **How did you get into** yoga?

3

A: 晴れてるから、雨具は必要なさそうだね。
B: 山の天気はすぐ変わるよ。

A: It's sunny, so I probably won't need rain gear.
B: Weather changes quickly on the mountain.

4

A： 今日はサッカーの試合を観に行くんだ。レッズを応援してるよ。

B： どの選手が好きなの？

A： **I'm going to see the soccer match today. I'm rooting for the Reds.**

B： **Who's your favorite player?**

5

A： 最初は良かったのに、試合の途中で流れが変わったな。

B： 選手交代すべきだったよ。

A： **It was going well early, but the momentum changed during the game.**

B： **They should have switched players.**

6

A： 得点は何対何？

B： 3対1。後半が楽しみだね。

A： **What's the score?**

B： **Three to one. The second half will be interesting.**

*What's the score? は、試合の状況をたずねる定番表現です。

Go Mets!（メッツ頑張れ！）、Hang in there!「頑張れ！」、Oh, come on!「おいおい、頼むよ！」、That was close!「惜しい！」、They caught up!「よし、同点だ！」もスポーツ観戦で使える表現。

第9章 趣味・習い事

2 音楽・映画・観劇

自分の趣味を相手に伝えたり、相手が好きなものをたずねるときのフレーズのほか、上演されている演目や劇場の座席についての説明をするときの表現を確認しましょう。

基本の単語&フレーズ

1	～にハマる、夢中になる	be into ...
2	～は私の生きがいです	I live for ...
3	どんな～ですか？	What kind of ...?
4	私は～の大ファンです	I'm a big fan of ...
5	上映される、上演される	play
6	最前列に	in the front row

基本の表現

1 今はこのバンドにハマってるよ。

I'm into this band right now.

*be hooked on も同意。I'm hooked on this band.「このバンドにハマってるよ」

---

2 ギターは私の生きがいです。

I live for the guitar.

*The guitar is my life. も「ギターは私の生きがいだ」という意味。どちらもよく使われます。

---

3 どんな映画が好きなんですか？

What kind of movies do you like?

---

4 私はコリン・ファースの大ファンです。

I'm a big fan of Colin Firth.

*I'm a big Colin Firth fan. も正しい表現。どちらを使っても問題ありません。

---

5 ABCシアターでは、何の映画が上映されていますか？

What movies are playing at the ABC Theater?

---

6 きのうお芝居を観に行ったの。最前列に座ってワクワクしたわ。

I went to the performance yesterday. It was exciting to sit in the front row.

第9章 趣味・習い事

基本のコミュニケーション

1

A： 最近ベックにかなりハマってるの。
B： ウィルコもすごくいいよ。このアルバム聴いてみて。

A： I'm really into Beck these days.
B： Wilco's really good too. Check this album out.

2

A： また同じライブのDVDを見てるの？ 飽きないの？
B： 飽きないよ、このバンドは僕の生きがいなんだ。

A： Are you watching that same concert on DVD again? Don't you get tired of it?
B： No, I live for this band.

3

A： 今、若い人たちの間ではどんな映画が人気なんですか？
B： 漫画のストーリーが原作となった映画が人気だよ。

A： What kind of movies are popular among young people now?
B： Movies based on manga stories are popular.

*based on「〜に基づいて」

4

A: 『ビフォア・サンセット』の俳優はすごくかっこよかったよね。
B: うん！ 私は彼の大ファンなの。

A: The actor in *Before Sunset* was really cool.
B: Yeah! I'm a big fan of his.

5

A: 横浜で『キャッツ』が上演されてるの。一緒に行かない？
B: 観に行きたいけど、チケット取れるかな？

A: *Cats* is playing in Yokohama. Want to go?
B: I want to go, but can we get tickets?

*Want to go? は Do you want to go? を省略した表現です。

6

A: 2階でどこか空いている席はありますか？
B: 最前列に1席だけありますよ。つい先ほどキャンセルが出たんです。

A: Are there any available seats on the second floor?
B: There's only one seat in the front row. There was a cancelation just a little while ago.

映画館や劇場などでチケットを買うときのフレーズです。Two adults, please.「大人2枚ください」、One adult and three children for *Star Wars*, please.「スターウォーズ大人1枚、子供3枚ください」

第9章 趣味・習い事

3 その他の趣味

趣味について話すときに役立つその他の表現です。実際の会話で話がはずむように、自分の好きなものを当てはめて説明してみましょう。

基本の単語&フレーズ

1	食べ歩き	eating tour
2	〜を大人買いする	splurge on ...
3	展示	exhibition
4	〜する価値がある	be worth ...ing
5	マニア、〜好き	enthusiast
6	集める	collect

基本の表現

1 趣味は食べ歩きです。おいしいお店の情報をいつも探しています。

My hobby is doing eating tours. I'm always looking for information on good places.

2 やっと全シリーズ発売したから、DVD を大人買いしようかな。

The full series finally came out, so I'm going to splurge on those DVDs.

3 ABC 美術館でゴッホ展がやっているよ。

There's a Van Gogh exhibition at ABC Museum.

4 この作家知ってる？ 彼の作品は絶対読む価値があるよ。

Do you know this writer? His work is definitely worth reading.

5 彼は鉄道マニアです。

He's a train enthusiast.

* 熱狂的なファンやマニアは enthusiast で表現できます。

6 3歳のときから、古い切手を集めています。

I've been collecting old stamps since I was three.

* 過去から現在まで「継続して集めている」ので、have been collecting（現在完了進行形）。

基本のコミュニケーション

1

A： うれしそうだね。どうしたの？
B： 今週末、食べ歩きで大阪に行くの。楽しみ！

A： **Wow, you look happy. What happened?**
B： **I'm going on an eating tour of Osaka this weekend. I can't wait!**

2

A： このお菓子本当においしい。
B： 私は20箱大人買いしたよ！

A： **These sweets are really good.**
B： **I splurged on them — 20 boxes!**

3

A： 科学博物館の恐竜展、観に行った？
B： うん、迫力があったね。もう一回観に行きたい。

A： **Did you see the dinosaur exhibition at the science museum?**
B： **Yes, it was impressive. I want to see it again.**

*impressive は「印象的な、目を引く、堂々とした」という意味の形容詞です。

4

A: インド旅行はどうだった？
B: 人生観が変わったよ！ 遠いけど、行く価値があると思う。

A: **How was your trip to India?**
B: **I got a new outlook on life! It's far, but I think it's worth going there.**

*outlook on life「人生観」

5

A: ジョージの趣味が何か知ってる？
B: 彼は大のアニメ好きだよ。知らなかった？

A: **Do you know what George's hobby is?**
B: **He's a real anime enthusiast. You didn't know?**

6

A: すてきな食器棚だね。
B: ありがとう。アンティークの家具を集めるのが趣味なの。

A: **That's a nice cupboard.**
B: **Thanks. Collecting antique furniture is my hobby.**

英語には「～を大人買いする」という直訳はありませんが、「ぜいたくする、大金を使う」という意味の splurge on を使って表現できます。「子どもの頃には買えなかった～を大人買いする」というニュアンスを伝えたい場合は splurge on ... I couldn't get when I was a child のように補足するといいでしょう。

4 習い事をする

習い事にまつわる表現です。スクールに訪問して、手続きをする際に必要なフレーズなどはしっかり押さえておきましょう。

基本の単語&フレーズ

1	入会する	sign up
2	〜を習う	take ... lessons
3	料金	fee
4	営業時間	business hours
5	上達する	improve
6	振り替える	reschedule

基本の表現

1 こちらのジムに入会したいのですが。

I'd like to sign up with your gym.

*I'd like to be/become a member of your gym. という表現もあります。

2 ピアノを習いたいんです。

I'd like to take piano lessons.

3 装具のレンタル料金はおいくらですか？

What's the fee for renting equipment?

*equipment「装具、用品、設備」

4 営業時間と定休日を教えてください。

Please tell me your business hours and the days you're closed.

5 2年前にピアノを始めてから、ずいぶん上達しました。

I've improved a lot since I started playing the piano two years ago.

6 レッスンを欠席する場合は、別の日に振り替えることができます。

If you miss a lesson, you can reschedule it for another day.

第9章 趣味・習い事

基本のコミュニケーション

1

A: 入会を考えているのですが。
B: お越しいただきありがとうございます。ではまず、こちらの用紙にご記入ください。

A: I'm thinking about signing up.
B: Thank you very much for coming. First, please fill out this form.

2

A: 以前こちらでバレエを習っていました。また通い始めたいのですが。
B: お名前をお伺いできますか？

A: I used to take ballet lessons here, and I'd like to start again.
B: Can I have your name, please?

3

A: 他には何かございますか？
B: 入会金と月謝を合わせると、全部でおいくらですか？

A: Is there anything else I can help with?
B: How much is the entrance fee and the monthly fee altogether?

*altogether / in total「全部で」

4

A: 体験レッスンはいつ受けられますか？
B: 営業時間内であればいつでも結構です。

A: **When could I have a trial lesson?**
B: **Anytime during business hours.**

5

A: 初心者でもすぐ上達できますか？
B: 丁寧に指導するのでご安心ください。

A: **Can beginners also improve quickly?**
B: **Don't worry, we'll work closely with you.**

*work closely with ...「〜と密接に働く」という意味から、ここでは親身になって丁寧に指導する、ということを表しています。

6

A: レッスンを来週の月曜日に振り替えたいのですが。
B: スケジュールを確認いたしますので、少々お待ちください。

A: **I'd like to reschedule my lesson for next Monday.**
B: **Hold on a moment, let me check the schedule.**

習い事をやめると申し出るときは、I decided to quit doing ... lessons.「〜のレッスンをやめることにしました」、休学を申し出るときは I'm planning to take a break from doing lessons until the end of August.「8月末までレッスンをお休みするつもりです」などの表現を使うとよいでしょう。

第9章 趣味・習い事

Column 9

動物の群れを表す表現

　日本語でも動物によって「一匹」「一頭」と数え方が変わるように、英語では「群れ」の表現が動物によって異なります。次の①～④の動物の「群れ」を数えるとき、空欄に入る単語は (a) ～ (d) のどれでしょうか？　それぞれの動物の特徴を思い浮かべながらクイズにチャレンジしましょう！

①　a (　) of cows　　：牛
②　a (　) of fish　　：魚
③　an (　) of ants　：アリ
④　a (　) of lions　：ライオン

(a) pride　　(b) herd　　(c) school　　(d) army

【正解】①　(b)　a herd of cows
　　　　②　(c)　a school of fish
　　　　③　(d)　an army of ants
　　　　④　(a)　a pride of lions

牛は人に飼育されている「家畜」、魚とアリは「学校」や「軍隊」で集団行動、ライオンは百獣の王としての「誇り」など、それぞれ動物のイメージをよく表している面白い表現です。

ひとことフレーズ集

【話を切り出す】

- [ ] ちょっといいかな？ — Got a minute?
- [ ] お願いがあるんだけど。 — Can you do me a favor?
- [ ] どうしたの？ — What happened?
- [ ] 手伝おうか？ — Do you need some help?
- [ ] ちょっと聞いてよ！ — Guess what!
- [ ] 変わったことはない？ — Anything new? / What's new?

【聞き返す】

- [ ] え？ — Excuse me? / I'm sorry?
- [ ] もう1回言って。 — Come again?
- [ ] もう1回教えてくれない？ — What was that again?
- [ ] 本当に？ — Really?
- [ ] 確かなの？ — Are you sure?
- [ ] どうして？ — Why? / How come?
- [ ] どこまで話したっけ？ — Where were we?
- [ ] 何の話をしてたっけ？ — What were we talking about?
- [ ] 何が言いたいの？ — What's your point?
- [ ] どういうこと？ — What do you mean?
- [ ] たとえば？ — Like what?

【あいづちを打つ】

□ うんうん。	Uh-huh.
□ そうだね。	Right.
□ なるほど。	I see.
□ わかった。	I get it. / I got it.
□ その通りだよ。	That's true.
□ わかるよ。	I know what you mean.

【話をつなげる】

□ そうだなあ、ええと。	Let me think. / Let me see.
□ ところで〜	By the way ...
□ それで?	And then?
□ ええと〜	Well ...
□ ほら〜	You know ...
□ つまり〜	I mean ...

【驚く・感心する】

□ わあ!	Wow!
□ すごいね!	Great!
□ 最高!	Awesome!
□ まさか!	You don't say!
□ 信じられない!	I can't believe it!
□ 冗談でしょ!	You're joking!
□ 知らなかった!	I didn't know that!

【同情する・励ます】

□ それは残念だね。	That's too bad.
□ かわいそうに。	Poor thing.
□ お気の毒。	Sorry to hear that.
□ 仕方ないよ。	That's life.
□ そういうこともあるよ。	It happens.
□ 元気だして！	Chin up!

【快諾する・賛成する】

□ もちろんいいよ。	With pleasure.
□ 喜んで。	I'd love to.
□ もちろん！	Why not?
□ 大賛成。	I'm all for that.
□ いいね。	Sounds good.

【断る・はぐらかす】

□ あとにしてよ。	Not now.
□ 絶対にいやだね。	No way.
□ 絶対にだめ！	Definitely not!
□ まあ、そんなところかな。	Kind of.
□ ちょっとわからないな。	Can't say.

デイビッド・セインの基本の『き』シリーズ
日常英会話 基本の『き』

2016年10月9日　第1刷

[著　　者]　**デイビッド・セイン（David Thayne）**
[編集協力]　Jaime Jose　Michael Deininger
　　　　　　Alexandria McPherson　遠藤玲美（AtoZ）
[組　　版]　AtoZ
[装　　丁]　銀月堂
[イラスト]　アサミナオ
[編　　集]　加藤敦
[発 行 者]　南雲一範
[発 行 所]　**株式会社南雲堂**
　　　　　　東京都新宿区山吹町361
　　　　　　郵便番号 162-0801
　　　　　　電話番号 03-3268-2311
　　　　　　Ｆ Ａ Ｘ　03-3269-2486
　　　　　　Ｕ Ｒ Ｌ　http://www.nanun-do.co.jp/
　　　　　　E-mail　nanundo@post.email.ne.jp
[印 刷 所]　恵友印刷株式会社
[製 本 所]　松村製本所

本書の無断複写・複製・転載を禁じます。
乱丁・落丁本は、小社通販係宛ご送付ください。
送料小社負担にてお取り替えいたします。
検印廃止　〈1-548〉
©AtoZ Co. Ltd.　2016 Printed in Japan
ISBN 978-4-523-26548-1 C0082